Retrouvez :
– nos prochaines parutions,
– les résumés de tous les ouvrages du catalogue,
– le blog avec des interviews des auteurs,
– les événements à ne pas rater.
Votre avis nous intéresse : dialoguez avec nos auteurs et nos éditeurs. Tout cela et plus encore sur Internet à :

**www.leduc-s.com**

Illustrations : Deletraz
Photos : Market Fresh

Mise en pages : Facompo – Lisieux


33, rue Linné
75005 Paris
E-mail : info@leduc-editions.com
ISBN : 978-2-84899-248-8

*Impression réalisée par*
CPI BRODARD ET TAUPIN
La Flèche (Sarthe), le 20-01-2009
50920 – Dépôt légal : septembre 2008

*Imprimé en France*

CATHY SELENA

# MES PETITES SOUPES MAGIQUES

LEDUC.S
EDITIONS

# Sommaire

# Introduction

La mode est à la soupe mais pas n'importe laquelle ! La facile, la raffinée, la savoureuse, celle que l'on consomme comme une boisson de santé.

Exit les assiettes creuses et les bols de nos grands-mères, la tendance est au verre. Les « bars à soupe » en vogue l'ont bien compris et leurs adeptes sont les premiers à plébisciter cette présentation aussi esthétique qu'appétissante. Même les récalcitrants à la soupe sont tentés d'y goûter : on ne s'en met pas partout, on sirote à son rythme et on découvre des saveurs inédites. Voilà le challenge : des soupes « express » aux arômes subtils qui enchanteront les palais les plus difficiles. Des légumes frais et bio, des plantes et des fleurs aux vertus médicinales pour un cocktail phyto, à consommer sans modération.

Fraîches, désaltérantes, ces soupes « nouvelle génération » ont le vent en poupe et sauront égayer vos déjeuners ou vos dîners d'une touche originale et colorée.

Idéal en période de régime, le verre de soupe est coupe-faim mais aussi diurétique, tonique, régénérant, digeste ou revigorant selon les ingrédients et les recettes. Non seulement vous aurez le plaisir des papilles, mais vous prendrez soin de votre santé, ce qui, en soi, n'est pas superflu si l'on en croit les messages alimentaires alarmants qui font le tour de la planète.

On le sait, qu'il faut manger cinq fruits et légumes par jour. On nous le rabâche assez, qu'à force de sédentarité, nos muscles en deviennent atrophiés, que notre cœur n'est plus entraîné qu'à courir dans les rames du métro et que l'air des grandes villes fait autant de bien à nos poumons que les vapeurs d'une cheminée mal ramonée. On a bien compris aussi que c'est le bio qu'il nous faut, car nos cinq fruits et légumes avalés « à la va-vite » sont censés nous combler de vitamines et pas de pesticides et là, une seule voix s'élève : le bio, c'est cher ! Oui, c'est un peu plus cher mais il vaut mieux manger une poignée de haricots bio qu'une poêlée méridionale en conserve, avec sel et sucres ajoutés. De toute façon, on nous le clame aussi, on frôle l'épidémie d'obésité, alors privilégions les petites quantités !

À notre décharge, les boutiques bio ne fleurissent pas encore dans toutes les allées et pour peu que l'on vive en banlieue ou à la campagne, manger bio reste encore une panacée, sauf si l'on a la chance de copiner avec une fermière bien attentionnée. Pour autant, restons motivés et gardons à cœur de se nourrir sainement, pas pour adhérer à la nouvelle tyrannie alimentaire ni ressembler aux critères de beauté aseptisés, juste pour se sentir mieux dans son corps et dans sa tête. Ce sera toujours ça de gagné ! Encore faut-il avoir le temps, me direz-vous, d'errer au milieu des étals du marché puis d'éplucher ses légumes sans se couper, pendant que la petite dernière réclame sa tétée et que le grand veut réciter sa poésie. Il est vrai, le temps nous est compté, tellement compté que bientôt on n'aura plus le temps de manger et comme cela, le problème sera réglé… un sachet protéiné : trente minutes de gagnées ! Que l'on croit…

Voilà pourquoi ce livre ne se veut pas un simple pourvoyeur de recettes de soupes rapides, aussi savoureuses soient-elles. D'une part, nos grands-mères nous les ont déjà données en héritage pour beaucoup d'entre nous, et le fait de mixer un légume avec un autre légume n'a d'intérêt que si l'on sait pourquoi on le fait ! Certes, le palais ne se soucie guère de ce genre de considérations, pourvu que la soupe soit bonne, mais l'estomac, lui, s'en souviendra, si elle ne lui réussit pas. Il n'est donc pas superflu de s'intéresser un minimum à la teneur des aliments et à leurs effets sur votre organisme. De la même façon que tous les aliments ne sont pas faits pour vous, sous prétexte qu'ils sont consommables, toutes les soupes ne vous sont pas indiquées. Par exemple, si vous avez des difficultés à vous endormir, vous éviterez la soupe vietnamienne au gingembre avant d'aller vous coucher. Par contre, la « Citrouille-Laitue » vous fera dormir comme un bébé. De même, si vous allaitez, préférez la soupe « Lentilles-Carottes » à l'aneth qui favorise la montée de lait. Si par méconnaissance, vous mitonniez une bonne soupe « Artichaut-Cerfeuil-Persil » qui a pour vocation de tarir la lactation, vous ne sauriez jamais que si Bébé crie famine, c'est à cause de Maman et de sa cuisine !

De ce fait, afin de vous sensibiliser aux bienfaits de ce que vous absorbez chaque jour sans y penser, je vous ai concocté un petit lexique des vertus magiques des fruits, légumes et herbes aromatiques les plus couramment employés (voir p. 29 et p. 61). Ainsi, vous pourrez faire votre marché en toute connaissance de cause, en remplissant votre panier selon que vous souhaitez retrouver des jambes légères, bien dormir ou vous recharger en énergie pour danser jusqu'au bout de la nuit. Quant au choix des plantes et à leur usage, je n'ai sélectionné que les plus courantes, celles qui sont faciles à trouver dans les jardins, les herboristeries, les boutiques bio ou sur Internet (voir p. 22). Je me suis efforcée de vous proposer un éventail le plus large possible afin de vous permettre de découvrir des remèdes naturels tout simples, à consommer sous la forme de jus, d'infusions ou de décoctions tout au long de la journée, pour prolonger l'effet de votre soupe de santé. Ne soyez pas surpris si chaque recette comporte plusieurs indications thérapeutiques et si plusieurs remèdes naturels sont proposés pour un même symptôme. C'est à vous ensuite, de tester les soupes et les remèdes, de varier les plaisirs et les recettes. Il est bien évident qu'il n'est pas question d'arrêter un traitement en cours pour le substituer à un remède par les plantes. D'une part, parce que l'usage des plantes et leur posologie nécessitent l'avis d'un spécialiste en la matière, afin d'adapter à chaque cas le traitement qui lui correspond. D'autre part, parce que l'utilisation de la phytothérapie peut être complémentaire à une prescription médicamenteuse ou au contraire lui être déconseillée. En revanche, les remèdes naturels sont de précieux alliés pour répondre à des troubles bénins et les soulager, ce qui évite bien souvent une consultation chez le médecin. **Concernant des pathologies plus lourdes, il est nécessaire de prendre un avis médical et de ne pas se mettre en danger, par simple méconnaissance.**

Cela étant dit, vous constaterez rapidement qu'une alimentation saine et appropriée à votre organisme renforcera votre vitalité. De même, l'usage des plantes toniques, digestives ou sédatives vous aidera à retrouver un mieux-être physique et psychique qui fera toute la différence. Lorsque l'on mange bien, que l'on digère bien et que l'on dort bien, on retrouve également la pleine possession de ses moyens. Hippocrate considérait l'aliment comme étant notre premier médicament, de nombreuses contrées ont intégré depuis longtemps ce précepte, et puisent dans la Nature les remèdes nécessaires au maintien de la santé. Ainsi, dans notre société surmédicalisée, il est bon de se rappeler que l'on peut se faire plaisir en se nourrissant et que l'on peut se soigner au travers de cet acte aussi banal qu'essentiel. Choisissez les soupes en fonction de vos envies mais aussi de vos pathologies et si l'une vous convient, prenez-la en cure le temps qu'il faudra ! L'essentiel étant de vous faire du bien.

Bon appétit !

# Les indispensables

Bien que la soupe ne nécessite pas un matériel coûteux et encombrant, mieux vaut prévoir les accessoires appropriés à la réalisation des recettes. Ainsi, avant d'enfiler votre tablier, vérifiez que vous avez bien ce qu'il faut pour concocter vos soupes de bien-être.

## Les ustensiles de base

- Un petit couteau pointu.
- Une planche en bois à découper.
- Un verre mesureur.
- Un presse-agrumes.
- Une râpe.
- Un économe ou un canneleur.
- Une théière, pour les soupes à base d'infusion.

- Une centrifugeuse : indispensable pour recueillir le jus des fruits et des légumes en dehors des agrumes.
- Un mixeur électrique : utile pour réduire les fruits et les légumes en purée. L'avantage du mixeur est d'obtenir une préparation onctueuse, déliée et mousseuse.
- Un shaker : utile pour les soupes glacées. Déposez des glaçons ou de la glace pilée au fond de votre shaker puis remplissez-le de votre préparation. Secouez énergiquement une dizaine de fois avant de remplir les verres.
- Des piques, des parasols et des pailles de couleur pour la décoration.

## Les verres de présentation

Selon le contexte, plusieurs formes de verres sont à votre disposition pour présenter vos soupes. À vous de choisir celui qui correspond le mieux à la situation.

### Le verre à cocktail (de 7 à 12 cl)

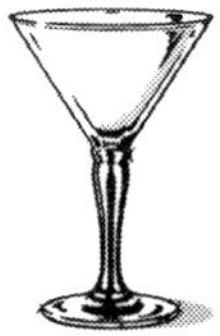

Un verre à pied de forme conique à privilégier pour les soupes chaudes et froides mais non glacées.

## Le verre ballon (12 cl)

On l'utilisera principalement pour les boissons à siroter au cours d'un repas, chaudes ou froides mais non glacées.

## La flûte (16 cl)

Idéale pour les grandes occasions et pour présenter les soupes à base de thé, les cocktails énergisants et relaxants.

## Le verre tulipe (16 cl)

Élégant avec sa jolie forme arrondie au col resserré, il sera parfait pour recevoir les soupes de légumes, au moment de l'apéritif ou lors d'un cocktail.

## Le verre Pilsener (25 cl)

Ce fameux « verre à bière » est particulièrement adapté aux soupes mousseuses, fraîches et glacées.

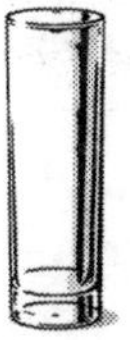

## Le verre Tumbler (25 cl)

Ce grand verre large et droit est à réserver à un usage familial. Il ne se distingue pas par une forme élancée mais son côté pratique en fait un bon contenant pour une soupe « à la maison ».

### Le verre à whisky (32 cl)

Détourné de son usage premier, ce type de verre permet de servir des boissons de toutes sortes, chaudes ou glacées avec l'avantage de contenir une belle quantité de soupe.

### Le verre à orangeade (36 cl)

De grande contenance, ce type de verre se prête parfaitement à recevoir les soupes énergisantes ou minceur qui se consomment en plus grande quantité. Idéal pour les boissons glacées.

### Le verre « chope » (35 à 50 cl)

Solide et facile d'utilisation avec son anse, il résistera parfaitement aux soupes de légumes très chaudes.

## Rafraîchir ou réchauffer un verre

Que la soupe soit chaude ou glacée, la température aura une incidence sur le verre qu'il sera de bon ton de ne pas briser…

Pour rafraîchir un verre, plusieurs solutions s'offrent à vous. Vous pouvez le placer au réfrigérateur une heure avant de servir votre soupe ou tout simplement le remplir de glaçons que vous ferez tourner à l'intérieur jusqu'à ce qu'il soit embué. À l'inverse, pour réchauffer un verre et conserver plus longtemps la chaleur de votre soupe, rincez-le à l'eau chaude, puis à l'eau bouillante. Ainsi, le verre se sera adapté à la hausse progressive de la température.

## Customisez vos verres !

La décoration des verres, quelles que soient leur taille et leurs formes, nécessite un brin de créativité et un soupçon d'imagination. Soignez la présentation en vous inspirant des astuces suivantes.

### Les rondelles de fruits et légumes

Selon la teneur de votre soupe, mettez en valeur l'un des fruits ou légumes qui la composent. Découpez une fine rondelle puis incisez-la sur la tranche afin qu'elle tienne sur le bord du verre. Vous pouvez, bien entendu, multiplier les rondelles au gré de votre fantaisie.

### Les zestes de fruits

À l'aide d'un économe ou d'un canneleur, prélevez le zeste d'une orange ou d'un citron que vous déposerez au fond du verre, ou que vous enroulerez autour d'une paille. Vous pouvez également accrocher le zeste sur le bord du verre.

## Les brochettes de fruits et légumes

Une idée déco qui fait toujours de l'effet ! Munissez-vous d'un bâtonnet en bois de la hauteur du verre. Découpez en cubes ou en rondelles des morceaux de fruits et légumes et déposez votre brochette au fond du verre avant de le remplir.

## Des mélangeurs en forme de fleurs

Ces légumes en forme de fleurs, perchés sur des pics en bois un peu plus haut que la hauteur du verre se transformeront en mélangeurs du plus bel effet. Privilégiez les radis, en prenant soin de leur ôter le feuillage. Incisez-les de part et d'autre jusqu'à la moitié puis laissez-les tremper une bonne heure dans l'eau glacée pour que les « pétales » s'ouvrent. Même principe avec un tronçon de blanc de poireau. Amusez-vous également à faire des collerettes aux carottes et aux navets, en leur donnant une jolie forme arrondie au préalable.

## Le givrage du verre

Simple à réaliser pour un effet attrayant. Trempez le bord du verre dans le jus d'un fruit ou dans un sirop si vous souhaitez un résultat coloré. Jus d'orange, jus de citron, sirop de grenadine ou de menthe conviendront parfaitement. Ensuite, si votre soupe est aux légumes, posez le rebord du verre sur un lit de sel. Concernant une soupe aux fruits, posez le rebord du verre dans du sucre glace, en poudre, blanc ou roux.

## Le saupoudrage

Pour une soupe aux fruits, saupoudrez le dessus avec du sucre glace, de la noix de coco râpé, du cacao en poudre. Pour une soupe de légumes, préférez le sel au céleri, les herbes aromatiques ou la noix de muscade râpée.

## Glaçons fantaisie, soupe réussie !

Pour agrémenter vos soupes glacées, rien de tel que des glaçons colorés et aromatisés. Il suffit de remplir votre bac à glaçons d'un tronçon de carotte, d'une demi-cerise, de quelques groseilles, d'herbes séchées ou fraîches, d'épices moulues, de sirop, de pétales de roses, de sel aromatisé, de graines, de baies et de tout ce qui vous passe par la tête. Recouvrez ensuite d'eau minérale et vous aurez en quelques heures des glaçons inédits.

# Le bon choix des ingrédients

## Les fruits et les légumes

Il est préférable de réaliser vos soupes avec des fruits ou des légumes de saison, achetés sur le marché, à un primeur, plutôt qu'en supermarché car ils sont souvent stockés en vrac, à l'air et à la lumière durant des jours, d'où une perte sèche en vitamines et sels minéraux. Choisissez les fruits et les légumes rangés dans des cageots ou sous plastique, de ferme consistance, sans taches ni meurtrissures. Prévoyez un temps plus long pour la préparation de la soupe du fait du nettoyage, de l'épluchage et de la cuisson avant le mixage.

Les surgelés sont un bon compromis si vous n'avez pas le temps d'aller au marché pour acheter des produits frais. Même teneur en vitamines, si ce n'est plus, du fait de la rapidité des procédés de surgélation, entre la cueillette et la mise au froid. Par exemple, si vous achetez des haricots verts quarante-huit heures après qu'ils ont été cueillis, ils ne contiendront plus que 60 % de leurs vitamines. Même déception pour le chou-fleur après une journée seulement. Quant aux épinards, ils perdent 70 % de leur teneur en vitamines à l'air libre, contre seulement 15 à 20 % une fois surgelés. Une autre solution consiste à acheter directement les jus ou les nectars de fruits et légumes en bouteilles. Si tel est votre choix pour des raisons pratiques, optez pour la mention « bio et pur jus ». Il en existe une grande variété dans les rayons biologiques.

**Adoptez la bio-attitude !**

1. J'achète mes fruits et légumes auprès des paysans bio sur le marché, à la Biocoop de mon quartier ou je commande des produits frais, exotiques et plantes aromatiques via le site d'Orkos, le spécialiste de l'alimentation saine et authentique !
2. Je fais le plein de vitamines en consommant les fruits et les légumes avec la peau, sans avaler d'engrais chimiques ni de pesticides.
3. Je participe à la protection de l'environnement et je peux me vanter d'être un écocitoyen : un corps sain dans un esprit sain !

## Les herbes aromatiques

Afin de bénéficier pleinement des arômes et des vertus médicinales des herbes aromatiques, elles doivent être soigneusement sélectionnées pour leur fraîcheur et être consommées rapidement. Préférez le surgelé au conditionnement séché, pour le goût et la valeur énergétique. L'idéal étant de faire pousser vos herbes vous-même, au soleil et au grand air. C'est facile, économique et tellement meilleur !

## Ayez la main verte !

Sur un balcon, une terrasse ou dans un jardin, la clé du succès réside dans le choix de l'emplacement. Les herbes aromatiques ont besoin de beaucoup de lumière, d'un petit coin de terre protégé du vent et d'un soleil modéré pour ne pas sécher avant même de pousser. Alors, même sur le rebord d'une fenêtre, c'est possible, pourvu que la luminosité soit optimale.

### Les bons plants

Ils s'épanouiront dans des pots en terre troués, pour faciliter l'évacuation de l'eau et éviter les moisissures aux racines. Disposez des cailloux ou des billes d'argile au fond du pot et remplissez d'une terre draineuse, composée de deux tiers de terreau de tourbe ou de terre de jardin, d'un tiers de compost et d'une poignée de tourbe ou de sable. Disposez vos plants et arrosez-les modérément dès que la terre est sèche.

*Mon conseil :* achetez une persillère, un vase en argile aussi décoratif qu'efficace avec son système de rizières étagées et vous aurez des herbes fraîches toute l'année.

### La bonne saison

Le printemps, pour profiter des premiers rayons de soleil et garantir le bon développement des plants. Les herbes résistantes tiendront plusieurs années alors que les fragiles seront à renouveler au printemps suivant.

**Le top 10 des herbes aromatiques les + résistantes**

1. Le thym
2. l'origan
3. le romarin
4. la sarriette
5. l'estragon
6. la sauge
7. la menthe
8. le basilic
9. le cerfeuil
10. la ciboulette

## Les épices

Une pincée de curcuma, quelques graines d'anis étoilé, une touche de paprika et la soupe se colore et se parfume d'un arôme délicat. La plupart des épices ont des vertus digestives qui améliorent le transit intestinal et permettent de conserver un ventre plat. Pauvres en sodium et en calories, elles relèvent le goût et se prêtent particulièrement à un régime sans sel. Difficile de classifier les épices à partir du moment où toute partie d'une plante aromatique peut être considérée comme une épice. De la feuille de basilic à la branche de thym, du piment aux graines de coriandre et de la racine de gingembre au bulbe de l'ail, tous font partie de la grande famille des épices. Le secret d'une bonne utilisation réside dans la quantité. Trop d'épices tuent le goût et peuvent irriter les intestins. Ainsi, respectez bien les quantités indiquées dans chaque recette pour préserver la saveur de l'ensemble. Une autre manière de profiter des bienfaits des épices est de parfumer votre eau minérale de quelques clous de girofle ou d'une pincée de cumin. À vous de choisir l'épice qui vous convient et de varier les plaisirs à chaque repas. De nombreuses boutiques spécialisées, épiceries fines, magasins bio ou sites Internet proposent un large choix d'épices de grande qualité.

**Top sites**

Pour faire votre marché sur la grande toile du web, voici quelques sites de vente en ligne de piments et d'épices fines du monde entier :

- www.epices-et-piment.com
- www.larbreauxepices.com
- www.agidra.fr
- www.alterafrica.com
- www.epicesdumonde.com
- www.actibio.net

## Le thé

Les boissons de santé à base de thé sont réputées pour leur efficacité et de nombreuses contrées les plébiscitent au quotidien. Le thé bio est à privilégier mais vous pouvez l'acheter soit en vrac soit en sachets car ses vertus n'en seront pas altérées.

## Les laitages

Certaines recettes sont à base de yaourt ou de crème fraîche. Choisissez plutôt des laitages allégés et de bonne qualité.

# Le tour de main

Vous recueillerez le jus des oranges, clémentines, citrons ou pamplemousses à l'aide d'un presse-agrumes. Pressez-les au dernier moment et consommez-les immédiatement afin de conserver leur couleur et leurs vitamines. Concernant les autres fruits, épluchez-les et rincez-les avant de les passer à la centrifugeuse pour en récolter le nectar. Les fruits concernés sont : ananas, cerise, kiwi, fraise, groseille, melon, mûre, myrtille, pêche, papaye, pastèque, pomme, poire, prune, tomate, raisin…

Pour les fruits dont le jus ne peut pas être extrait à la centrifugeuse, passez-les au mixeur électrique en ajoutant un peu d'eau, ce qui les réduira en purée. Les fruits à noyaux ou à chair dense, comme l'abricot, la banane, la mangue ou encore les fruits de la passion seront de bons candidats au mixeur.

Côté légumes, la centrifugeuse vous permettra de broyer à peu près toutes les variétés et notamment la betterave cuite, le brocoli, la carotte, le concombre, le radis noir ou la salade. Tout comme les herbes aromatiques ainsi que l'ail, l'oignon ou l'échalote. À vous d'estimer le meilleur emploi de la centrifugeuse ou du mixeur selon la consistance désirée.

# Les pouvoirs magiques des fruits et légumes

Voici, de A à Z, les 60 meilleurs fruits et légumes que vous retrouverez dans nos recettes de petites soupes magiques.

## A

### Abricot : booster de neurones !

Je le choisis : bien mûr, souple au toucher avec une odeur parfumée.

Ses pouvoirs magiques : riche en phosphore et en magnésium, l'abricot est un stimulant du système nerveux. Il nourrit les cellules de votre cerveau et développe votre potentiel intellectuel. Idéal pour les intellectuels en panne de créativité. Peu calorique et coupe-faim, c'est l'encas idéal dans le cadre d'un régime. Il est également indiqué en cas d'anémie car il favorise la prolifération des globules rouges. Antioxydant grâce à sa teneur en provitamine A, il retarde les effets du vieillissement cellulaire et cutané tout en améliorant l'acuité visuelle. La moitié de ses fibres étant des pectines, il vous régule le transit en un rien de temps. Enfin, sa grande teneur en potassium le recommande aux sportifs et à tous ceux qui souffrent de troubles articulaires et musculaires.

## Algues marines : le punch marin spécial végétariens !

Je les choisis : fraîches, sèches ou déshydratées dans les magasins bio.

Leurs pouvoirs magiques : rouges, brunes ou vertes, très riches en vitamines, sels minéraux, oligo-éléments, et protéines végétales, les algues marines sont reminéralisantes, revigorantes et tonifiantes sur le plan physique et intellectuel. Elles favorisent la circulation sanguine, soulagent les rhumatismes, préviennent et traitent les troubles cardio-vasculaires, agissent sur la cellulite, combattent l'hypertension et soulagent les affections respiratoires. À noter qu'elles luttent efficacement contre les crises d'herpès.

## **Ananas : exotique et anticellulite !**

Je le choisis : lourd, ferme, avec des feuilles vertes qui se détachent facilement. La couleur n'a pas d'importance, elle varie selon sa provenance.

Ses pouvoirs magiques : riche en vitamines A, C, E, en fibres et en minéraux, l'ananas contient également une enzyme, la « broméline », qui a le pouvoir de digérer les protéines mais uniquement dans le fruit frais (l'ananas en boîte ou en jus n'en a plus). Nutritif, digeste, diurétique, désintoxicant, il est conseillé en cas d'arthrite, de tendinites, d'anémie et d'obésité.

## **Artichaut : le légume des lendemains de fêtes !**

Je le choisis : lourd et ferme, avec des feuilles fermées sans taches noires.

Ses pouvoirs magiques : très riche en vitamines et en minéraux, l'artichaut est un légume antioxydant qui aide à lutter contre le vieillissement. Diurétique, il favorise l'élimination des toxines, stimule le foie et la vésicule biliaire, agit efficacement sur les troubles hépatiques et permet d'abaisser un taux de cholestérol trop élevé. Il est préconisé également dans tous les troubles gastro-intestinaux.

## Asperge : la reine des diurétiques !

Je la choisis : droite et ferme, avec un bourgeon fermé, sans taches et luisante.

Ses pouvoirs magiques : riche en vitamines A, B, C, PP et phosphore, l'asparagine qu'elle contient la rend dépurative, diurétique, reminéralisante et laxative. Elle draine le foie, les reins et agit favorablement sur les intestins et les poumons. Sa haute teneur en manganèse lui confère des vertus sur la peau, notamment en cas d'eczéma ou d'urticaire. Elle agit également sur les rhumatismes mais elle est déconseillée en cas de lithiase rénale car elle peut provoquer des crises de goutte.

## Aubergine : éternelle jeunesse !

Je la choisis : violette, ferme, lisse et brillante.

Ses pouvoirs magiques : très peu calorique et diurétique, l'aubergine ne fait pas grossir si elle est consommée crue grâce à sa haute teneur en potassium. Dans le cas contraire, elle a tendance à faire grossir car elle absorbe les graisses et gonfle dans l'estomac. Riche en acide chlorogénique, elle est l'un des plus puissants antioxydants du genre végétal ce qui la rend très efficace pour lutter contre le vieillissement cutané et cellulaire. Les fibres qu'elle contient régulent le transit intestinal. De plus, elle lutte activement pour faire baisser le taux de cholestérol.

## Avocat : faites baisser la pression !

Je le choisis : mûr, sans noirceur.

Ses pouvoirs magiques : riche en vitamines B, C, E, en sels minéraux et oligo-éléments, l'avocat est un fruit antioxydant retardant le vieillissement cellulaire et cutané. Il est recommandé en cas d'hypertension grâce à sa forte teneur en potassium. Ces lipides aident à faire baisser le taux du mauvais cholestérol dans le sang.

B

## Banane : à fond la forme !

Je la choisis : mûre, peau jaune sans taches noires.

Ses pouvoirs magiques : riche en vitamines A, B, C, D, E et en sels minéraux, la banane est très nutritive, digeste et favorable au système nerveux, osseux et musculaire. Elle dynamise la croissance, prévient les ulcères et lutte contre les rhumatismes inflammatoires. Par contre, elle est déconseillée aux diabétiques en raison de sa richesse en hydrates de carbone.

## Betterave : multi-revitalisante !

Je la choisis : crue, ferme, avec des feuilles, ou cuite, brillante et petite.

Ses pouvoirs magiques : nutritive, digeste, apéritive, énergétique et riche en potassium, la betterave améliore tout le système nerveux. Riche en vitamines A, B, C et PP, elle aide à protéger les cellules contre le développement des maladies cardio-vasculaires, des cancers et des maladies liées au vieillissement. Sa grande teneur en sels minéraux en fait un légume reminéralisant conseillé aux personnes fatiguées ou anémiées. Elle agit également sur les troubles hépatiques et elle est déconseillée aux diabétiques.

## Brocoli : prévention anticancer !

Je le choisis : bien ferme, feuilles vertes et serrées.

Ses pouvoirs magiques : riche en vitamine B9, C, bêtacarotène et en fibres, le brocoli est un légume à fort pouvoir antioxydant. Il agit en prévention sur les maladies cardio-vasculaires et sur les cancers. Très reminéralisant, il convient aux personnes fatiguées et anémiées.

## Carotte : la meilleure amie des intestins !

Je la choisis : orange luisante, ferme, avec des fanes vertes.

Ses pouvoirs magiques : riche en provitamine A, en fer et en fibres, la carotte est reminéralisante, antianémique et renforce le système immunitaire. Diurétique, elle a sa place dans le cadre d'un régime amincissant. Elle favorise également les montées de lait, régule le transit et soigne les intestins. Elle agit favorablement sur les affections rhumatismales. Antioxydante, elle prévient le vieillissement et améliore la vision.

## Cassis : le fruit de la longévité !

Je le choisis : grappes pulpeuses à la peau lisse.

Ses pouvoirs magiques : c'est le fruit le plus riche en vitamine C avec une teneur élevée en potassium, calcium et magnésium. De ce fait, il est indiqué en période de surmenage, de fatigue physique ou de dépression. Il régule également le transit intestinal en cas de diarrhées, protège le foie, agit sur l'hypertension et soulage les maux de gorge et les yeux fatigués. Au XVIIIe siècle, il était considéré comme le fruit de la longévité car il retarde les effets du vieillissement cellulaire et cutané. Quant aux feuilles de cassis, elles sont préconisées pour soulager les arthrites et les rhumatismes.

## Céleri : diurétique et aphrodisiaque !

Je le choisis : feuilles vertes, côtes blanches brillantes et cassantes.

Ses pouvoirs magiques : riche en vitamines A, B, C, en minéraux et métalloïdes, le céleri ouvre l'appétit et facilite la digestion. Dépuratif, il aide au renouvellement sanguin, agit efficacement sur les poumons et le foie grâce à ses vertus drainantes et antiseptiques. Il favorise l'amaigrissement par son haut pouvoir diurétique. Ses capacités reminéralisantes et tonifiantes en font un légume de choix en cas de fatigue passagère ou de convalescence. Enfin, il est préconisé en cas de rhumatismes ou lors d'une crise de goutte. Les graines de céleri ont un effet sédatif indiqué aux personnes anxieuses ou insomniaques. Elles sont également préconisées pour leur effet antiseptique dans les troubles urinaires et pour soulager les ballonnements intestinaux. Les feuilles sont reminéralisantes et indiquées en cas de rhumatisme. Quant aux branches et à la racine, elles sont diurétiques.

## Cerise : détox-énergie !

Je la choisis : ferme, ronde, charnue avec des queues bien attachées.

★ Ses pouvoirs magiques : riche en fibres, en vitamines A, B, C, E et PP, en fer, en calcium, en magnésium, en potassium et en soufre, c'est le fruit « détox » par excellence qui draine l'organisme en profondeur en favorisant l'élimination des déchets et des toxines. Ses vertus diurétiques en font un fruit de choix dans le cadre des régimes amincissants, en utilisant notamment les queues en infusion. La cerise agit également contre les rhumatismes et l'arthrite. Elle stimule le système immunitaire et agit sur le vieillissement cutané. Son action laxative régule un transit intestinal perturbé. Par contre, elle n'est pas conseillée aux diabétiques en raison de sa teneur en sucre.

## Champignons : force et dynamisme

Je les choisis : blancs, de Paris, fermes et sans taches noires.

Leurs pouvoirs magiques : riches en vitamines B, minéraux et fibres, les champignons sont pauvres en calories et contiennent une grande quantité de protéines. Ils représentent donc un légume de choix pour les personnes au régime et les végétariens. Reminéralisants, ils stimulent le système nerveux et redonnent de la vitalité.

## Chicorée sauvage : la salade des diabétiques !

Je la choisis : feuilles jeunes et vertes.

Ses pouvoirs magiques : apéritive et reminéralisante, elle est parfaitement adaptée aux personnes anémiées, fatiguées ou anorexiques. Sa consommation est conseillée également en cas de troubles biliaires ou hépatiques. Enfin, ses vertus diurétiques sont recommandées dans le cadre d'un régime amincissant.

## **Chou** : le légume-médicament !

Je le choisis : ferme, lourd, avec des feuilles serrées et brillantes.

Ses pouvoirs magiques : ce légume a des vertus médicinales trop souvent ignorées, que ce soit en usage interne ou externe. Consommé en jus, il a une action efficace sur le système digestif, notamment en cas de colites ulcéreuses, de parasitoses, d'ennuis gastriques ou de troubles urinaires. Il est recommandé également dans toutes les affections respiratoires, de la bronchite à l'asthme mais aussi pour lutter contre le diabète. Riche en soufre, calcium, phosphore, cuivre et iode, il aide à reconstituer les organismes fatigués et à lutter contre la goutte.

## **Chou-fleur** : le meilleur ami des reins !

Je le choisis : cœur blanc et ferme, feuilles vertes sans germes.

Ses pouvoirs magiques : riche en vitamines B et C, en fibres et en minéraux, le chou-fleur est un légume minceur. Laxatif, il agit efficacement sur un transit intestinal paresseux. Diurétique avec un taux de potassium élevé, il stimule les fonctions rénales ce qui le recommande en cas de lithiase biliaire, de cystites ou d'infections urinaires.

## Citron : le nettoyeur de l'intérieur !

Je le choisis : ferme, jaune, lisse et brillant.

Ses pouvoirs magiques : riche en vitamine C, sels minéraux et oligo-éléments, le citron est préconisé dans une multitude de pathologies. Antiseptique, il agit sur les maladies infectieuses ; il stimule le système nerveux et prévient les maladies cardiovasculaires ; diurétique et dépuratif, il nettoie l'organisme et favorise l'amincissement. Enfin, il a une action bienfaisante sur l'arthrite et les rhumatismes.

## Citrouille : bien dormir !

Je la choisis : lourde, compacte, avec une peau lisse, sans taches ni craquelures.

Ses pouvoirs magiques : les courges ont l'avantage d'être peu caloriques tout en contenant des apports nutritionnels très intéressants. Outre leur richesse en vitamines A, B, C, D, E, elles sont composées d'eau à 92 % dans laquelle sont dilués de nombreux oligo-éléments comme le magnésium, le calcium, le potassium mais aussi le cuivre, le phosphore et le zinc. Ainsi, une consommation régulière de citrouille ou de potiron sera conseillée en cas d'hypertension ou de cholestérol. La couleur orangée de la citrouille traduit sa richesse en bêtacarotène qui lui confère également des vertus antioxydantes, non négligeables dans la prévention du cancer. Ses vertus pectorales agissent efficacement sur les affections respiratoires. Elle est indiquée également en cas de diabète mais aussi pour lutter contre les infections urinaires et les affections cardiaques. Enfin, contre les intestins paresseux, elle offre une bonne quantité de fibres. Sans oublier son action sédative qui en fait un somnifère de premier ordre pour pallier les insomnies.

## Concombre : champion des dépuratifs !

Je le choisis : petit, ferme mais pas trop dur, avec une peau lisse sans craquelures.

Ses pouvoirs magiques : riche en vitamines A, B, C et sels minéraux, le concombre est un bon dépuratif et un excellent diurétique. Il combat l'arthrite et la goutte, facilite la circulation sanguine et agit sur la rétention d'eau. De plus, il est efficace en cas de troubles intestinaux. La présence de pyridoxine lui confère un effet calmant et apaisant. Croquez-le avec sa peau, riche en provitamine A et vitamine E pour conserver un teint éclatant et retarder le vieillissement des cellules.

## Courgette : antiulcère !

Je la choisis : lourde, ferme, petite, avec une belle peau lisse sans meurtrissures.

☆ Ses pouvoirs magiques : riche en vitamines, minéraux et fibres, la courgette est très peu énergétique avec ses 95 % d'eau. Diurétique, c'est un légume-minceur qui favorise l'élimination des toxines et des déchets de l'organisme. On lui reconnaît également une action favorable sur la digestion et le bon fonctionnement du transit intestinal ainsi que sur les ulcères gastriques. Elle est indiquée aux personnes nerveuses et angoissées, à celles qui ont du diabète et des risques cardio-vasculaires. À noter que sa pectine réduit l'assimilation du cholestérol.

## Cresson : faites le plein de calcium et de magnésium !

✋ Je le choisis : très vert et brillant, avec des feuilles bien serrées.

☆ Ses pouvoirs magiques : riche en vitamine C et en sels minéraux, le cresson aide à sortir des états de fatigue chronique. C'est un excellent expectorant qui agit favorablement sur les affections pulmonaires. Diurétique, il aide le corps à éliminer et il favorise la perte de poids. Ses acides gras polyinsaturés luttent contre les maladies cardio-vasculaires. Le soufre qu'il contient prévient les cancers. Il agit également sur les rhumatismes et le taux de diabète. Et pour arrêter de fumer, consommez du cresson car il est le parfait antidote à la nicotine.

## Endive : légère et digeste !

Je la choisis : ferme, fermée, lisse et sans taches.

Ses pouvoirs magiques : peu calorique et peu énergétique, l'endive est riche en minéraux et en oligoéléments dont le sélénium, un antioxydant particulièrement intéressant pour protéger la peau et lutter contre le vieillissement. Ses fibres régulent le transit intestinal, et sa haute teneur en potassium fait baisser la tension artérielle.

## Épinard : antifatigue !

Je le choisis : très vert, en privilégiant les jeunes pousses.

Ses pouvoirs magiques : riche en sels minéraux, en sodium, potassium, calcium, phosphore, magnésium, fer, soufre ou manganèse, l'épinard n'a pas son pareil pour reminéraliser un organisme fatigué ou anémié. Bon pour le cœur et le pancréas, il agit également sur les intestins. C'est l'un des meilleurs antioxydants pour lutter contre le vieillissement grâce à la présence combinée de vitamine C, acide folique et carotène.

## Fenouil : confort digestif !

Je le choisis : blanc, lisse et ferme avec des feuilles vertes sans meurtrissures.

☆ Ses pouvoirs magiques : riche en provitamine A, en vitamine C, en fibres, en acide folique, en fer et en potassium, le fenouil a des qualités digestives incomparables. Il est idéal en cas de crampes d'estomac, de colite spasmodique ou de règles douloureuses. Très diurétique, il favorise l'amincissement par l'élimination des toxines. Il agit également sur les voies respiratoires et notamment sur l'asthme et la toux. Il calme les migraines et les rages de dents et soulage les otites et les rhumatismes. Reminéralisant, il redonne du tonus et de la vitalité. Les feuilles ou les graines, en infusion, favorisent la montée de lait.

## **Fraise : une cure de jouvence !**

✋ Je la choisis : rouge vif, ferme, brillante, sans taches ni meurtrissures.

☆ Ses pouvoirs magiques : riche en sels minéraux, en vitamines B, C, E et K, la fraise est aussi reminéralisante que nutritive. Elle joue un grand rôle dans la lutte contre les radicaux libres, grâce à un groupe d'actifs très complémentaires : la vitamine C, bien sûr, mais aussi les folates, les carotènes et les acides organiques. Diurétique, elle est très efficace pour détoxifier l'organisme et favoriser l'élimination de l'acide urique, en cas de goutte, par exemple, ou de rhumatismes articulaires. Les feuilles, utilisées en infusion, ont des vertus diurétiques et soulagent les affections urinaires bénignes. Quant à la racine, elle est antirhumatismale. La fraise est également recommandée aux personnes souffrant d'hypertension. Enfin, elle agit sur les voies biliaires en tant que régulatrice du système hépatique. Attention aux akènes sur la surface des fraises qui libèrent de l'histamine et peuvent provoquer des allergies cutanées.

## **Framboise** : stop constipation !

Je la choisis : de belle apparence, ronde, ferme et brillante sans tenir compte de la couleur.

Ses pouvoirs magiques : riche en vitamine C, en fibres, en potassium, calcium, magnésium et fer, la framboise est diurétique, dépurative et très laxative. Elle est indiquée pour lutter contre les troubles digestifs et intestinaux, notamment en cas de constipation chronique. Son sucre, le levulose n'est pas contre-indiqué aux diabétiques qui peuvent donc en consommer en toute tranquillité. Tout comme la fraise, elle est indiquée pour répondre aux problèmes de rhumatismes et de goutte.

## **Groseille** : un concentré de vitamine C !

Je la choisis : de belle apparence, ronde, ferme et brillante sans tenir compte de la couleur.

Ses pouvoirs magiques : très riche en vitamine C, sels minéraux et oligo-éléments, cette petite baie revitalise les organismes fatigués et redonne de l'énergie. En bon dépuratif, la groseille nettoie l'organisme, le draine tout en agissant efficacement sur les voies biliaires et le système digestif. À consommer en cure en cas de constipation chronique ou d'inflammation urinaire. Comme la fraise et la framboise, elle est indiquée pour soulager les rhumatismes et les crises de goutte.

H

## Haricot blanc : super-nourrissant !

Je le choisis : frais, ferme, lisse et cassant.

Ses pouvoirs magiques : riche en vitamines A, B1 et C, en glucides, en protéines végétales, en minéraux et en fer, le haricot blanc est un légume énergétique et nutritif. Diurétique, dépuratif et anti-infectieux, il est indiqué dans le cadre d'un régime minceur bien qu'il puisse être difficile à digérer de par sa teneur en soufre. Lavez les haricots plusieurs fois avant la cuisson pour les rendre plus digestes.

## Haricot rouge : cœur vaillant !

Je le choisis : frais, ferme, rebondi, lisse et cassant.

Ses pouvoirs magiques : riche en vitamine B9, en fer, en magnésium, en phosphore, et en potassium, le haricot rouge est un légume aussi énergétique que diurétique. Il est indiqué pour réguler le transit intestinal, lutter contre les troubles cardio-vasculaires et le vieillissement cellulaire et cutané.

## Haricot vert : top minceur !

Je le choisis : très fin, lisse, ferme et cassant, sans meurtrissures.

Ses pouvoirs magiques : riche en vitamines A, B9, C, en sels minéraux et en oligo-éléments, le haricot vert est un légume à fort pouvoir reconstituant pour les organismes fatigués. Conseillé en cas de baisse intellectuelle ou de symptômes dépressifs, c'est un bon stimulant du système nerveux. Diurétique, il a sa place dans un régime amincissant. Il est conseillé aux diabétiques, stimule le foie et agit sur les rhumatismes.

K

## Kiwi : un allié vitaminé pour la vie !

Je le choisis : ferme mais souple au toucher, sans meurtrissures.

Ses pouvoirs magiques : plus riche en vitamine C que les agrumes, la consommation d'un seul kiwi par jour couvre vos besoins. Antioxydant grâce à la provitamine A et la vitamine E, c'est le fruit idéal pour conserver un teint éclatant et repousser les outrages du temps. Sa teneur en fibres aide à réguler le transit intestinal. Enfin, il contribue à réduire le taux de sucre dans le sang ce qui le recommande aux diabétiques.

## **Laitue** : une bouffée d'oxygène !

Je la choisis : avec une base bien blanche et des feuilles vertes et brillantes.

★ Ses pouvoirs magiques : riche en vitamines A, B9, C, D, E et sels minéraux, la laitue ouvre l'appétit et stimule les glandes digestives ce qui en fait une entrée de choix. On lui reconnaît des vertus sédatives et antalgiques, voire hypnotiques. Elle est conseillée dans tous les troubles intestinaux tels la constipation, les spasmes mais aussi dans le traitement des règles douloureuses. La laitue est également la reine des voies respiratoires et soulage les bronchites et l'asthme. Elle agit aussi sur le foie. Conseillée aux diabétiques.

## **Lentille** : la petite graine riche en fer !

Je la choisis : lisse, ferme, brillante et non germée.

★ Ses pouvoirs magiques : riche en vitamines B9, C et en sels minéraux, la lentille a l'avantage d'être très nutritive tout en étant digeste. Elle a sa place dans un régime amaigrissant car elle procure une sensation de satiété sans faire grossir. Sa richesse en fibres régule le transit intestinal et sa belle teneur en protéines végétales est recommandée aux végétariens. De plus, elle favorise la montée de lait.

## Mâche : coupe-faim !

Je la choisis : feuilles vertes, tendres et brillantes.

Ses pouvoirs magiques : riche en vitamines A, B, C et sels minéraux, la mâche est revitalisante avec une action diurétique sur l'organisme. Elle est recommandée en cas de constipation et de troubles intestinaux grâce à ses vertus dépuratives et à sa teneur en fibres. Elle agit également sur les voies respiratoires, l'arthrite et les rhumatismes. Sa haute teneur en oméga 3 protège des troubles cardio-vasculaires.

## Mangue : jeunesse et vitalité !

Je la choisis : souple, lisse et parfumée.

Ses pouvoirs magiques : riche en vitamine C et en provitamine A, la mangue est énergétique avec un fort potentiel antioxydant. Elle est indiquée dans la prévention de certains cancers, lutte contre l'artériosclérose et protège du vieillissement cutané et cellulaire. Sa teneur en fibres régule efficacement le transit intestinal.

## Melon : le roi de l'élimination !

Je le choisis : très lourd, avec un pédoncule prêt à se détacher.

☆ Ses pouvoirs magiques : avec ses 95 % d'eau et ses vitamines A, B, C, le melon est rafraîchissant, diurétique et laxatif. Il agit également sur les voies respiratoires, les problèmes d'hémorroïdes, les rhumatismes et la goutte. Il est indiqué aux personnes anémiées mais contre-indiqué aux diabétiques. Sa teneur en provitamine A en fait un allié de la jeunesse cellulaire.

## Mûre : digeste et revitalisante !

Je la choisis : noire, brillante, arrivée à maturité.

☆ Ses pouvoirs magiques : riche en vitamines A et C, la mûre améliore le transit intestinal par son action laxative. Ce fruit rafraîchissant est conseillé aux personnes fatiguées, anémiées ou souffrant de bronchites chroniques.

## Myrtille : le fruit de l'acuité visuelle !

Je la choisis : ronde, lisse, brillante et ferme.

☆ Ses pouvoirs magiques : légère en sucres et en calories, la petite baie couleur bleu violacé est très diurétique. Elle possède également de grandes qualités antiseptiques qui traitent les diarrhées et toutes les infections intestinales. Dotée d'un haut pouvoir antioxydant, elle prévient les troubles cardio-vasculaires, protège la peau et améliore la vision en agissant sur la cataracte. Les personnes souffrant de troubles circulatoires s'en feront une alliée ainsi que les diabétiques à qui elle convient parfaitement.

## Navet : un diurétique parfait !

Je le choisis : ferme, lourd, lisse et jeune.

Ses pouvoirs magiques : gorgé d'eau, riche en vitamines A, B, C, en iode, fer, cuivre, soufre, arsenic et sels minéraux, le navet est revitalisant et diurétique, agissant sur les calculs rénaux. Il est indiqué en cas d'affections respiratoires ou d'infections de la gorge. Il régule le transit intestinal et prévient les cancers du sein et du tube digestif. Il est également très efficace sur les problèmes cutanés tels que l'acné ou l'eczéma.

## Noix de coco : énergie à gogo !

Je la choisis : lourde et pleine.

Ses pouvoirs magiques : riche en vitamine B, en fibres, en minéraux et oligo-éléments, la noix de coco est un fruit énergétique, calorique, reminéralisant et diurétique. Elle régule le transit intestinal en étant légèrement laxative et soulage des maux typiquement féminins comme la vaginite ou les mycoses. Elle convient aux personnes sportives, fatiguées, anémiées, surmenées ou en convalescence.

Elle est indiquée également en cas de troubles cardio-vasculaires, d'hypertension, de diabète et de cholestérol.

## Oignon : un antibiotique naturel !

Je le choisis : ferme, avec des feuilles vertes, signe de fraîcheur.

Ses pouvoirs magiques : riche en vitamines A, B, C et en sels minéraux, l'oignon est le légume de la longévité. Il stimule le système nerveux, rénal et hépatique mais il a surtout des propriétés antiseptiques puissantes qui lui confèrent un caractère antibiotique. Diurétique puissant, il est le meilleur ami des régimes amincissants. On lui reconnaît également une action sur les rhumatismes, les voies respiratoires, le diabète et toutes les infections intestinales.

## Olive : prévention anti-âge !

Je la choisis : noire ou verte, ronde et lisse.

Ses pouvoirs magiques : riche en vitamines A, B, C, E, F, en sels minéraux et carotène, l'olive est excellente pour la santé grâce à ses propriétés antioxydantes qui luttent activement contre le vieillissement cutané et cellulaire. Laxative, elle agit efficacement sur les troubles digestifs, en cas de constipation et de ballonnements. Elle est conseillée aux diabétiques et indiquée en cas de troubles biliaires et hépatiques.

## Orange : vitalité et tonus !

Je la choisis : ferme et lourde, avec une peau lisse et brillante. Prenez des oranges non traitées si vous prévoyez d'utiliser le zeste ou l'écorce. Et pour les jus, préférez les Valencias.

Ses pouvoirs magiques : riche en vitamines B, C, provitamine A et sels minéraux, l'orange est le fruit de la vitalité par excellence. Elle renforce les défenses immunitaires, fluidifie le sang, aide à lutter contre les infections, avec une action diurétique et laxative. De plus, la présence d'acides organiques dans le fruit joue un rôle favorable dans l'assimilation calcique. Ainsi, l'utilisation biologique du calcium de l'orange avoisine celle du lait, référence en la matière. Enfin, ses acides organiques excitent les sécrétions digestives et facilitent une bonne assimilation des aliments. Elle est recommandée aux diabétiques.

## Oseille : championne de la carotène !

Je la choisis : très verte et brillante.

Ses pouvoirs magiques : très riche en vitamines C, E, provitamine A, en eau, en fibres, minéraux et oligo-éléments, l'oseille stimule les sécrétions digestives et agit de ce fait sur tous les troubles gastro-intestinaux. Elle est indiquée en cas de troubles cardio-vasculaires grâce à sa haute teneur en carotène, prévient le vieillissement cellulaire et cutané, améliore l'acuité visuelle et prévient certains cancers. C'est une herbe revitalisante aux propriétés diurétiques et laxatives. Elle agit également sur les voies respiratoires et sur les rhumatismes.

## Pamplemousse : un antiseptique naturel !

Je le choisis : bien lourd, bien ferme avec une peau lisse et striée de rose.

Ses pouvoirs magiques : riche en vitamines A et C, en sels minéraux et en cuivre, le pamplemousse est un fruit rafraîchissant, tonique qui draine efficacement le foie et les reins. Dépuratif, il facilite la digestion et régule le transit intestinal tout en ayant des propriétés antiseptiques. Il est également indiqué en cas d'arthrite, d'affection des voies respiratoires et de troubles circulatoires.

## Papaye : revitalisante !

Je la choisis : la papaye doit s'enfoncer légèrement sous la pression des doigts et ne doit pas comporter de taches noires. La peau du fruit est de couleur jaune ou orange à maturité. On la trouve sur les marchés entre novembre et mai.

Ses pouvoirs magiques : peu calorique, très riche en vitamine C, en magnésium, sodium et potassium, la papaye protège des infections durant la saison hivernale. La provitamine A qu'elle contient a de multiples bienfaits sur la peau et les muqueuses. De plus, elle est si peu calorique que l'on peut la consommer en quantité. Sa teneur en fibres régule le transit intestinal et favorise la digestion.

## Pastèque : affinez votre silhouette !

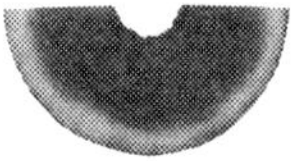

Je la choisis : lourde, ferme, pleine, avec une peau lisse et brillante.

Ses pouvoirs magiques : riche en vitamines B, C, en provitamine A, en sels minéraux et oligo-éléments, la pastèque est dépurative et favorise l'élimination des déchets et des toxines. Ses propriétés antioxydantes luttent contre le vieillissement de la peau et des cellules. Rafraîchissante et peu calorique, elle est indiquée pour retrouver la ligne.

## Pêche : un cocktail antioxydant !

Je la choisis : ferme et veloutée au toucher, lisse et sans taches.

Ses pouvoirs magiques : riche en vitamine C, provitamine A, potassium, phosphore et magnésium, la pêche est diurétique et reconstituante. Fruit minceur par excellence, elle contient beaucoup d'eau, ce qui la rend digeste et désaltérante. Elle est indiquée pour soulager les troubles de la digestion, les spasmes et notamment la constipation. Enfin, elle prévient les troubles cardio-vasculaires et le vieillissement cutané et cellulaire.

## Petit pois : des protéines de choix !

Je le choisis : frais, dans une cosse lisse, brillante et sans taches.

Ses pouvoirs magiques : riche en vitamines B, C et E, le petit pois est un légume énergétique aux vertus antioxydantes. Il est reminéralisant grâce à sa teneur en potassium, phosphore, magnésium et fer et revitalise les organismes fatigués ou anémiés. Ses fibres en font un légume privilégié pour relancer un transit paresseux.

## Poire : élimination notoire !

Je la choisis : jaune orangée, souple, lisse et sans meurtrissures pour la poire d'été ; verte, ferme et lisse pour la poire d'hiver.

Ses pouvoirs magiques : riche en vitamines A, B1, B2, PP, C et sels minéraux, la poire est un puissant diurétique tout en étant reminéralisante et nutritive. Elle agit efficacement sur les rhumatismes et la goutte ainsi que sur les diarrhées. Elle convient aux personnes fatiguées ou anémiées ainsi qu'aux diabétiques. Enfin, ses propriétés antioxydantes préviennent le vieillissement.

## Poireau : contre la rétention d'eau !

Je le choisis : ferme, lisse, avec des feuilles vertes et brillantes bien serrées.

Ses pouvoirs magiques : riche en vitamines B, C et en sels minéraux, le poireau est un légume à fort pouvoir diurétique. Il agit également sur les rhumatismes, l'arthrite, la goutte et son action laxative est efficace sur la constipation. Sa teneur en provitamine A prévient les cancers et les troubles cardio-vasculaires tout en luttant contre le vieillissement cutané et cellulaire.

## Poivron : concentration et élimination !

Je le choisis : bien rouge et brillant, le rouge signifiant qu'il est mûr. Le poivron vert traduit une cueillette avant maturité et le poivron flambé de marron est entre les deux.

Ses pouvoirs magiques : riche en vitamine C et en bêtacarotène, le poivron est stimulant, énergétique avec une bonne action sur l'élimination. Il favorise la concentration, l'apprentissage et la mémoire grâce à sa substance, la lutéoline. Il est également l'un des légumes anticancer et antivieillissement par ses pouvoirs antioxydants. Sa peau épaisse peut poser des problèmes de digestion, c'est pourquoi il est conseillé de l'éplucher ou de le faire griller. Pour autant, sa haute teneur en fibres est intéressante pour réguler le transit intestinal. Il est bien évidemment recommandé d'ôter les graines blanches à l'intérieur avant consommation.

## Pomme : bonne pour les neurones !

Je la choisis : ferme et bien lisse, avec un pédoncule vert.

Ses pouvoirs magiques : riche en vitamines B1, B2, C, la pomme est recommandée aux personnes souffrant de troubles musculaires et nerveux. Grâce à la pectine, elle lutte contre le cholestérol. Diurétique, elle favorise la circulation du sang et le drainage de l'organisme. Ses propriétés antiseptiques au niveau des intestins lui confèrent une action efficace sur tous les troubles gastriques car elle régule le transit. C'est un fruit de choix pour les sportifs, les personnes fatiguées ou anémiées, insomniaques, migraineuses, diabétiques, sujettes aux crises d'herpès ou aux bronchites chroniques.

## Pomme de terre : un pansement pour les ulcères !

Je la choisis : ferme, sans taches ni germes, à chair farineuse pour les soupes de type bintje.

★ Ses pouvoirs magiques : riche en vitamines et en sels minéraux, la pomme de terre est nutritive et digeste. Contrairement aux idées reçues, elle ne fait pas grossir et son jus est diurétique. Elle est particulièrement recommandée pour soulager tous les troubles gastro-intestinaux, les ulcères et les colites spasmodiques. Elle est conseillée aux diabétiques, en remplacement du pain.

## Prune et pruneau : ventre plat et belle peau !

Je les choisis : pour la prune, lisse, souple mais pas molle ; pour le pruneau, qui est une prune séchée, noir, brillant et fripé.

★ Leurs pouvoirs magiques : riches en provitamine A, en vitamines B, C, E, en fer, magnésium et potassium, la prune et le pruneau ont un fort pouvoir antioxydant qui lutte activement contre le vieillissement cellulaire et cutané. Leurs fibres régulent le transit intestinal et luttent contre la constipation par une action laxative réputée. Ils agissent favorablement sur le système nerveux, ont également des vertus diurétiques, décongestionnent le foie et soulagent les troubles musculaires et articulaires.

## Radis rose et radis noir : à bas les allergies !

Je les choisis : pour le radis rose, petit, ferme, charnu avec des fanes bien vertes ; pour le radis noir, ferme, sans taches ni craquelures. Pour atténuer sa saveur piquante, pelez-le, coupez-le en rondelles et faites-le dégorger dans de l'eau salée.

Leurs pouvoirs magiques : riches en vitamines B, C, en fibres et sels minéraux, les radis sont des diurétiques puissants qui favorisent le renouvellement des cellules. Ils stimulent le foie, agissent sur le système nerveux et soulagent les affections respiratoires et musculaires. Le radis noir est recommandé aux personnes allergiques souffrant de problèmes cutanés tels que l'urticaire, l'eczéma ou l'herpès.

## **Raisin : une peau de satin !**

Je le choisis : en grappes espacées, avec des grains fermes, brillants et sans taches.

Ses pouvoirs magiques : riche en vitamines A, B9 et sels minéraux, le raisin est l'un des fruits de la vitalité. Il est reminéralisant, diurétique et laxatif. Il est recommandé aux personnes fatiguées et anémiées, aux sportifs, à ceux qui font de l'hypertension ou qui souffrent de dermatoses. Il agit efficacement sur le foie, l'estomac et les intestins mais également sur les rhumatismes, l'arthrite et la goutte. Grâce à la présence des polyphénols, il régule le taux de mauvais cholestérol et lutte contre le vieillissement de la peau et des cellules.

## Tomate : rafraîchissante et amincissante !

Je la choisis : charnue, lisse, brillante, sans taches et parfumée. Pour les soupes, préférez les grosses tomates rondes, les maraîchères, les olivines ou les italiennes.

Ses pouvoirs magiques : riche en vitamines A, B1, C et sels minéraux, la tomate est un fruit énergétique. Elle possède des vertus antiseptiques qui agissent efficacement en cas d'intoxication alimentaire ou de troubles digestifs tels la constipation. Diurétique, elle est une alliée dans un régime amincissant. Elle agit également sur les rhumatismes, l'arthrite et la goutte. Enfin, elle stimule les défenses de l'organisme grâce à ses vertus antioxydantes.

# Les pouvoirs magiques des plantes aromatiques

Voici les 39 meilleurs plantes aromatiques. À ajouter sans modération dans vos petites soupes magiques !

## Ail

Antiseptique intestinal et pulmonaire, stimulant général, antispasmodique, antitumoral, antiallergique, anticholestérol, antioxydant, diurétique, apéritif vermifuge, antihypertenseur.

## Aneth

Apéritif, l'aneth est aussi digeste que digestif, très efficace pour soulager les troubles intestinaux et les colites spasmodiques. Diurétique, il a également une action anti-inflammatoire et sédative qui convient aux anxieux et aux insomniaques. Enfin, il favorise la montée de lait. Les graines en infusion soulagent les migraines, arrêtent le hoquet et calment la toux.

## Anis étoilé

Fruit séché au petit goût de réglisse, l'anis étoilé agit principalement sur les voies digestives avec une action antispasmodique.

B

## Basilic

Facilite la digestion, soulage les douleurs gastriques, les brûlures d'estomac, les migraines d'origine digestive. Légèrement diurétique, il facilite l'amincissement. C'est également l'herbe des convalescents.

## Bourrache

La fleur de bourrache est diurétique et dépurative. Elle est donc indiquée dans le cadre d'un régime amincissant mais aussi pour lutter contre les maladies cutanées et les allergies. Sédative, elle est également efficace pour soulager les voies respiratoires en cas d'affections bronchopulmonaires.

C

## Cannelle

Écorce généralement utilisée en poudre, la cannelle a des propriétés antispasmodiques qui facilitent la digestion. Tonifiante et antiseptique des voies urinaires, elle est indiquée en cas d'états fébriles et de fatigue chronique.

## Câpres

Ces petits boutons floraux sont toniques, digestes et stimulants. Ils sont indiqués en cas d'hypertension.

## Cardamome

Choisissez-la très verte et très aromatisée et vérifiez qu'elle ne soit pas humide en l'ouvrant en deux. Faites revenir les graines quelques minutes dans une poêle pour que l'arôme se développe au maximum. Les graines ont des propriétés antispasmodiques qui facilitent la digestion, soulagent les troubles intestinaux et améliorent l'haleine.

## Cerfeuil

Cette herbe aromatique est recommandée contre les rhumatismes, la goutte et tous les problèmes liés au foie. Elle est également stimulante et dépurative avec un effet diurétique intéressant. Son action antiseptique agit principalement sur les bronches, la gorge et les poumons. Elle facilite également la digestion et lutte contre la constipation.

# Ciboulette

Riche en silice et en essence sulfurée, la ciboulette est indiquée pour ses propriétés digestives. Elle agit également sur tous les problèmes musculaires.

# Citronnelle

Cette herbe asiatique n'a pas son pareil pour réguler le transit intestinal et faciliter la digestion. Elle est également tonique, diurétique et efficace pour lutter contre les rhumatismes. Sédative et relaxante, elle a une action apaisante sur le système nerveux. Elle régule la thyroïde et soulage les crises d'herpès. Indiquée en cas d'affections respiratoires.

# Clous de Girofle

Ce sont des bourgeons floraux préconisés pour lutter contre les infections grâce à leurs propriétés antiseptiques. Analgésiques, ils sont indiqués dans tous les troubles gastro-intestinaux et soulagent les spasmes.

# Coriandre

Les graines sont sédatives et indiquées aux personnes stressées et insomniaques. Les feuilles facilitent la digestion et optimisent tout le système digestif grâce à leurs propriétés antibactériennes.

# Cumin

C'est la plante du système digestif, qui soulage les ballonnements, les spasmes et régule le transit intestinal.

# Curcuma

On utilise le rhizome de la plante dans les préparations culinaires. Le curcuma régule les troubles génitaux chez la femme telles des règles irrégulières ou des aménorrhées passagères. Il fait baisser la fièvre, a une action anti-inflammatoire, est indiqué dans toutes les affections respiratoires, digestives et rhumatismales.

# Curry

Le curry en poudre est un mélange d'une multitude d'épices. En revanche, les feuilles, racines et tiges du curry sont réputées pour améliorer la digestion. Toniques et stimulantes, elles aident à retrouver une bonne vitalité.

E

# Échalote

Apéritive, digestive et diurétique, l'échalote peut se consommer à volonté pour conserver une santé optimale.

## Estragon

L'estragon est un bon ami de l'intestin grâce à ses propriétés vermifuges et antispasmodiques. Il est également indiqué pour régler les troubles de l'aménorrhée. Tonifiant et diurétique, il favorise l'amincissement et lutte contre la rétention d'eau.

## Fenugrec

Cette plante aromatique est reminéralisante. Elle a une action anti-inflammatoire et antiseptique qui soulage les troubles gastro-intestinaux, les ulcères et les désordres du transit. Elle est indiquée pour faire baisser le taux de cholestérol et la tension. Elle favorise la montée de lait et convient aux diabétiques.

## Genévrier (baies de)

Les baies de genévrier sont diurétiques et soulagent les crises de goutte, les rhumatismes et les infections urinaires. Indiquées en cas de fièvre pour leur action sudorifique et en cas de bronchite pour leur action expectorante. Elles sont également réputées pour faciliter la digestion.

## Gingembre

Le rhizome de gingembre est réputé pour soulager tous les troubles digestifs. Il traite les nausées, protège le foie et soulage les ulcères. Stimulant et tonifiant, il redynamise les organismes fatigués.

## Laurier

Les feuilles de laurier ont des propriétés antiseptiques et antispasmodiques qui soulagent efficacement tous les troubles gastro-intestinaux. Le laurier est recommandé aux femmes qui allaitent car il favorise la montée de lait. Il est également indiqué en cas de fièvre et d'états fébriles. Expectorant, c'est un bon remède contre les bronchites.

## Marjolaine

Cette plante, cousine de l'origan, possède une grande valeur antiseptique. Elle est recommandée dans tous les troubles intestinaux et les états fébriles. Antistress, elle est indiquée aux anxieux et aux insomniaques.

## Menthe

La menthe poivrée est recommandée aux personnes surmenées et dépressives car elle a des propriétés apaisantes. Indiquée en cas de migraines d'origine nerveuse, d'insomnie ou de crises d'angoisse. Elle a également de nombreux atouts pour lutter contre les troubles intestinaux : antispasmodique, antibactérienne, antiparasitaire et antinauséeuse !

## Noix de muscade

Cette amande odorante a des vertus antiseptiques et une action très efficace sur les troubles intestinaux. Elle stimule également le système nerveux et aide à lutter contre le mal des transports.

## Origan

*Voir marjolaine.*

## Ortie

Riche en fer et en chlorophylle, l'ortie est une herbe dépurative qui nettoie et purifie le sang, les intestins et le foie. Elle est particulièrement indiquée aux personnes fatiguées et anémiées. Riche en silice, elle est indiquée pour lutter contre l'ostéoporose.

## Paprika

Riche en vitamine C, ce poivron rouge séché et broyé agit sur le mécanisme de la digestion et facilite le transit intestinal. Antiseptique, il est préconisé dans tous types d'infections.

## Persil

Riche en vitamines A, B, acide folique, C et sels minéraux, le persil est une véritable herbe-médicament. Il stimule le système nerveux, lutte contre les infections gastriques et urinaires et soulage les règles douloureuses. Il est indiqué aux personnes fébriles, fiévreuses, anorexiques et agit sur les rhumatismes et la goutte.

## Piment

Le piment doit être utilisé à petites doses car c'est un irritant intestinal. Néanmoins, il facilite la digestion et possède des propriétés antiseptiques non négligeables.

## Pissenlit

Riche en vitamines A, B, C et sels minéraux, le pissenlit est réputé pour son action sur le foie. Il agit également sur l'acné ou l'eczéma, les rhumatismes et la goutte, les troubles circulatoires et intestinaux. Son action diurétique et anticellulite convient aux personnes en surpoids.

R

## Réglisse

La réglisse est une plante de choix pour lutter contre les ulcères gastriques en stimulant la production de sécrétions dans l'estomac. Très efficace en cas de troubles cardio-vasculaires, elle fait baisser le taux de cholestérol et de lipides sanguins. Elle agit sur toutes les affections respiratoires, combat les infections virales, soulage les rhumatismes et l'arthrite, prévient les allergies, apaise les aphtes, protège le système immunitaire et agit sur les troubles hépatiques.

## Romarin

Le romarin lutte contre les infections en tout genre de par son fort potentiel antiseptique et antibactérien. Il est recommandé en cas de règles irrégulières et favorise la montée de lait. Il soulage les voies respiratoires, les rhumatismes, l'arthrite, les sciatiques, les troubles gastro-intestinaux en général.

## Safran

C'est l'épice la plus chère du marché ! Pour autant, on appréciera sa saveur délicate et ses vertus antispasmodiques, indiquées en cas de troubles gastro-intestinaux ou génitaux. Sédatif, il est également conseillé aux personnes nerveuses et insomniaques.

## Sarriette

Cette herbe aromatique est particulièrement stimulante. Idéale en cas de fatigue passagère et de baisse de tonus. Elle est également recommandée dans tous les troubles digestifs car elle facilite la digestion tout en étant antiseptique. Expectorante, elle favorise le désencombrement des bronches.

## Sauge

L'herbe sacrée possède de nombreuses vertus thérapeutiques. Puissant antiseptique, elle favorise la digestion, soulage les ballonnements par une action laxative, fait baisser la fièvre, agit sur les inflammations laryngées et accélère le retour des règles. Elle stoppe la montée de lait en cas de sevrage.

## Thym

Diurétique, stimulant général, dépuratif, le thym est indiqué pour revitaliser un organisme fatigué et l'aider à éliminer les déchets et les toxines. Très efficace en cas d'affections des voies respiratoires pour son action antiseptique, il soulage également les rhumatismes et toutes les maladies inflammatoires.

## Vanille

Digestive et stimulante.

## Verveine

La plante sacrée des druides agit favorablement sur le système nerveux et parasympathique. Elle est indiquée en cas de nervosité, de dépression légère et de maux de tête.

# 100 RECETTES DE SOUPES MAGIQUES

## Soupes minceur aux légumes

***Toutes les recettes qui suivent sont pour 4 verres***

# SOUPE DE LÉGUMES VERTS

*minceur - anémie - fatigue - rétention d'eau*

*Préparation : 10 min*
*Cuisson : 20 min*

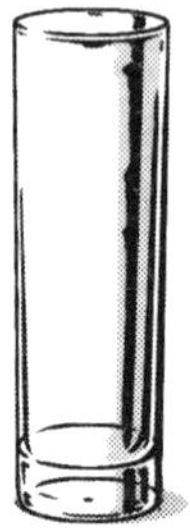

**Ingrédients :** 1 poignée de mâche, 1 poignée de haricots verts, 1 fond d'artichaut frais ou surgelé, 2 branches de cerfeuil, 1 noisette de beurre allégé.

1. Faites cuire les haricots verts durant 15 min dans un litre d'eau salée.
2. Lavez puis hachez la mâche et le cerfeuil et faites-les revenir dans une poêle beurrée durant 5 min.
3. Faites cuire l'artichaut 20 min, puis découpez le fond en petits dés.
4. Mixez les légumes avec 50 cl du jus de cuisson. C'est prêt !

## ✯ Pourquoi c'est magique ?

Une soupe riche en fer et en vitamines pour éliminer les toxines et contrer la rétention d'eau.

***Mon conseil :*** *jetez une poignée de cerfeuil dans 1 litre d'eau. Laissez infuser 10 min et buvez trois tasses par jour, entre les repas pour détoxifier l'organisme.*

# SOUPE CONCOMBRE-MENTHE

*minceur - stress - rétention d'eau*

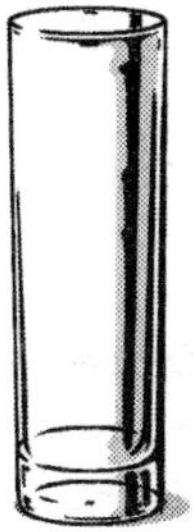

*Préparation : 10 min*

**Ingrédients :** 1 concombre, 1 poignée de feuilles de menthe fraîche, 1 citron, 2 fromages blancs allégés.

1. Épluchez le concombre et coupez-le en morceaux.
2. Rincez et effeuillez la menthe.
3. Pressez le citron.
4. Mixez le concombre, la menthe avec les fromages blancs et le jus du citron. C'est prêt !

## ✫ Pourquoi c'est magique ?

Une soupe amincissante pour femmes hyperactives et stressées. Le concombre joue un rôle diurétique et la menthe calme les spasmes et les esprits.

***Mon conseil :*** *servez cette soupe bien fraîche en ajoutant un glaçon dans chaque verre et décorez avec une feuille de menthe.*

# SOUPE TAILLE DE GUÊPE

*minceur - constipation - rétention d'eau*

*Préparation : 10 min*
*Cuisson : 15 min*

**Ingrédients :** 2 carottes, 1 branche de céleri, 4 feuilles de chou, 2 lanières d'un bulbe de fenouil, 10 brins de ciboulette.

1. Épluchez, rincez les légumes puis coupez-les en rondelles et en lamelles.
2. Faites-les cuire dans 1 litre d'eau salée durant 15 min.
3. Mixez avec la ciboulette et 50 cl d'eau de cuisson. C'est prêt !

## ✯ Pourquoi c'est magique ?

Une soupe digestive pour retrouver un ventre plat grâce aux vertus antiballonnements et diurétiques des légumes.

***Mon conseil :** conservez le bouillon que vous pouvez boire tout au long de la journée pour favoriser l'élimination des toxines.*

# SOUPE DIURÉTIQUE

*minceur - rétention d'eau - fatigue*

*Préparation : 15 min*
*Cuisson : 15 min*

**Ingrédients :** 4 tomates grappe, 1 branche de céleri, 2 carottes, 1 citron, 2 branches de persil, 1 cube de bouillon de légumes.

1. Épluchez les carottes et le céleri. Rincez-les puis coupez-les en morceaux. Faites-les cuire durant 15 min dans 1 litre d'eau salée additionnée du cube de bouillon de légumes.
2. Pelez les tomates et coupez-les en quatre.
3. Mixez le céleri et les carottes avec les tomates fraîches, le persil, le jus du citron et 50 cl de bouillon de légumes. C'est prêt !

## ✯ Pourquoi c'est magique ?

Le persil est une plante-médicament aux mille vertus qui favorise le déstockage des graisses. Associé aux légumes diurétiques et énergétiques, vous pourrez éliminer les toxines sans être fatigué.

***Mon conseil :** vous pouvez ajouter quelques gouttes de Tabasco ou du sel au céleri pour relever la soupe. Décorez avec un brin de persil.*

# SOUPE AUX HERBES

*minceur - rétention d'eau - intoxication alimentaire*

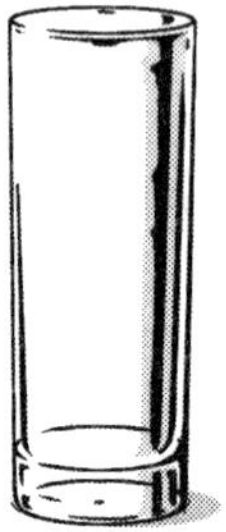

*Préparation : 5 min*
*Cuisson : 10 min*

**Ingrédients :** 50 g de cerfeuil, 50 g de pissenlit, 50 g de persil, 50 g de chicorée sauvage, 1 poignée de fanes de radis noir, 2 yaourts allégés.

1. Rincez les herbes.
2. Faites-les bouillir durant 10 min dans 50 cl d'eau salée.
3. Mixez-les avec l'eau de cuisson et les yaourts. C'est prêt !

## ✯ Pourquoi c'est magique ?

Une soupe pour nettoyer et détoxifier l'organisme.

***Mon conseil :*** *une soupe à préparer à chaque changement de saison, au début d'un régime amaigrissant ou un lendemain de fêtes. Servez chaude ou froide en ajoutant un glaçon dans chaque verre. Vous pouvez aussi croquer des rondelles de radis noir au cours de la journée pour faciliter l'élimination des toxines.*

# SOUPE JAMBES LÉGÈRES

*minceur - rétention d'eau*

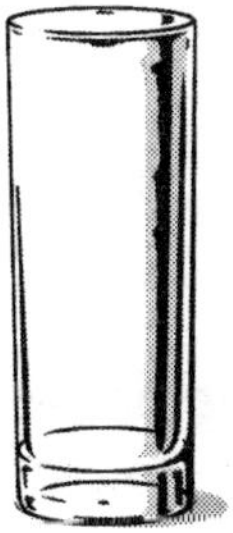

*Préparation : 10 min*
*Infusion : 10 min*

**Ingrédients :** 50 g de radis noir, 150 g de céleri en branches, 2 oranges, 50 g de feuilles de vigne rouge.

1. Lavez puis pelez le radis. Épluchez, rincez et coupez les branches de céleri en tronçons.
2. Faites infuser les feuilles de vigne rouge dans 1 litre d'eau bouillante durant 10 min.
3. Mixez le radis, le céleri avec le jus des oranges et 50 cl d'infusion de vigne rouge. C'est prêt !

### ☆ Pourquoi c'est magique ?

La vigne rouge améliore la circulation veineuse et soulage la sensation de jambes lourdes. Le radis noir et le céleri vont aider l'organisme à lutter contre la rétention d'eau.

***Mon conseil :** buvez votre infusion de vigne rouge entre les repas pour accentuer l'effet drainant de la soupe.*

# SOUPE POTIRON-FENOUIL

*minceur - rétention d'eau - digestion*

*Préparation : 5 min*
*Cuisson : 10 min*
*Infusion : 10 min*

**Ingrédients :** 200 g de potiron, 50 g de racines de fenouil.

1. Épluchez et coupez le potiron en morceaux. Faites-les cuire dans l'eau salée durant 10 min.
2. Faites infuser les racines de fenouil dans 1 litre d'eau durant 10 min.
3. Mixez le potiron avec 50 cl d'infusion de fenouil. C'est prêt !

## ✮ Pourquoi c'est magique ?

Le fenouil permet l'élimination des déchets tout en favorisant la digestion. Quant au potiron, il agit sur la rétention d'eau.

***Mon conseil :** buvez votre infusion de fenouil pour drainer l'organisme et réguler votre transit intestinal.*

# SOUPE BROCOLI-PISSENLIT

*minceur - cellulite*

*Préparation : 5 min*
*Cuisson : 10 min*
*Infusion : 15 min*

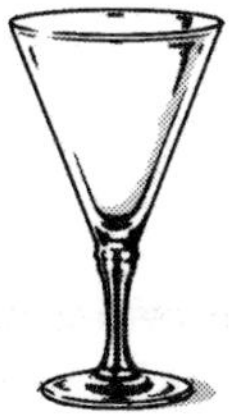

**Ingrédients :** 200 g de brocolis, 20 g de feuilles de pissenlit, 1 carotte.

1. Rincez et coupez le brocoli en morceaux.
2. Épluchez, lavez et coupez la carotte en rondelles.
3. Faites cuire le brocoli et la carotte à la vapeur durant 10 min.
4. Faites infuser les feuilles de pissenlit dans 1 litre d'eau durant 15 min.
5. Mixez le brocoli et la carotte avec 50 cl d'infusion de pissenlit. C'est prêt !

### ✯ Pourquoi c'est magique ?

Le brocoli a une action dépurative sur l'organisme et le pissenlit lutte activement contre la cellulite.

***Mon conseil :** buvez votre infusion de pissenlit en dehors des repas pour favoriser l'action anticellulite.*

# SOUPE AUX ALGUES

*minceur - rétention d'eau - digestion - hypothyroïdie*

*Préparation : 10 min*
*Cuisson : 10 min*

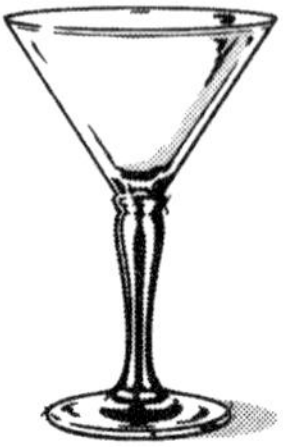

**Ingrédients :** 2 oignons, 100 g d'algues nori, 1 carotte, 1 courgette, 20 cl de crème fraîche allégée.

1. Épluchez et émincez les oignons.
2. Pelez, rincez et coupez la carotte en rondelles.
3. Épluchez, lavez et faites cuire la courgette coupée en rondelles avec la carotte à la vapeur durant 10 min.
4. Rincez et ciselez les algues.
5. Mixez le tout avec la crème fraîche. C'est prêt !

## ✯ Pourquoi c'est magique ?

Les fibres des algues améliorent le transit tout en facilitant la perte de poids.

***Mon conseil :*** *une soupe à privilégier pour stimuler la glande thyroïde. À consommer chaude ou froide avec un glaçon dans chaque verre. Vous trouverez des algues nori dans les boutiques bio.*

# SOUPE TOMATE-SAUGE

*minceur - rétention d'eau -*
*infections urinaires -*
*affections respiratoires et hépatiques*

***Préparation : 10 min***
***Infusion : 10 min***

**Ingrédients :** 4 tomates, 1 branche de céleri, 20 g de feuilles de sauge, 5 branches de persil.

1. Lavez, mondez et coupez les tomates en quatre.
2. Épluchez, rincez et coupez le céleri en tronçons.
3. Faites infuser les feuilles de sauge dans 1 litre d'eau bouillante durant 10 min.
4. Lavez et hachez le persil.
5. Mixez le tout avec 50 cl d'infusion de sauge. C'est prêt !

### ✯ Pourquoi c'est magique ?

Une soupe diurétique, digestive et antiseptique qui soulage les ballonnements et toutes les inflammations.

***Mon conseil :*** *buvez l'infusion de sauge entre les repas pour améliorer le transit intestinal, favoriser l'élimination des toxines et soulager les inflammations.*

# SOUPE AUX ORTIES

*minceur - rétention d'eau - rhumatismes*

*Préparation : 5 min*
*Cuisson : 5 min*
*Infusion : 20 min*

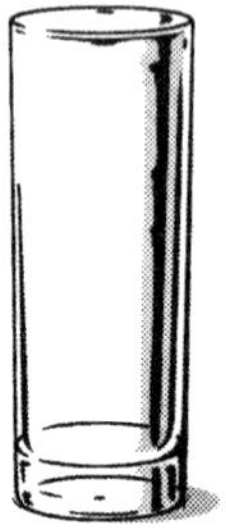

**Ingrédients :** 500 g de jeunes pousses d'orties, 1 pincée d'origan, 50 g de feuilles séchées d'orties, 2 c. à s. de crème fraîche allégée.

1. Lavez puis faites cuire à la vapeur les orties durant 5 min.
2. Faites infuser les feuilles séchées d'orties durant 20 min dans 1 litre d'eau bouillante.
3. Mixez les feuilles d'orties avec 50 cl d'infusion, l'origan et la crème fraîche. C'est prêt !

## ✯ Pourquoi c'est magique ?

Une soupe riche en vitamines et minéraux qui aide à lutter contre la rétention d'eau, les douleurs articulaires et rhumatismales.

***Mon conseil :*** *buvez l'infusion d'ortie à volonté tout au long de la journée pour une action dépurative mais aussi pour soulager les rhumatismes.*

# SOUPE DE TOMATES GLACÉE AUX HERBES DU JARDIN

*minceur - transit - rétention d'eau*

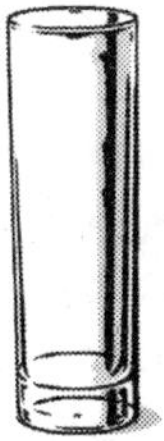

*Préparation : 15 min*
*Cuisson : 20 secondes*
*Réfrigération : 2 h*

**Ingrédients :** 8 tomates, 2 oignons blancs, 1 gousse d'ail, 10 feuilles d'estragon, 10 feuilles de basilic, 10 feuilles de cerfeuil, 10 feuilles de menthe fraîche, 10 feuilles de sarriette, 1 pincée de thym, de romarin et d'origan en poudre, 50 cl d'eau, 2 c. à s. d'huile d'olive.

1. Lavez les tomates et plongez-les dans l'eau bouillante durant 20 secondes puis épluchez et épépinez-les. Coupez-les en quatre.
2. Épluchez et émincez les oignons et l'ail.
3. Lavez les herbes.
4. Mixez le tout avec l'eau, l'huile d'olive et les épices.
5. Laissez la soupe refroidir durant 2 h. C'est prêt !

### ✯ Pourquoi c'est magique ?

Une soupe rafraîchissante et désaltérante, riche en vitamines et sels minéraux aux vertus digestives et diurétiques.

***Mon conseil :*** *en cas d'intoxication alimentaire ou de paresse intestinale, buvez cette soupe au réveil !*

# Soupe Poireau-Artichaut

*minceur - rétention d'eau - fatigue*

*Préparation : 5 min*
*Cuisson : 10 min*

**Ingrédients :** 2 blancs de poireaux, 4 fonds d'artichauts surgelés, 8 graines de guarana, 20 cl de crème fraîche allégée.

1. Lavez, coupez les poireaux en tronçons et faites-les cuire à la vapeur durant 10 min.
2. Faites cuire les fonds d'artichauts le temps indiqué sur l'emballage et coupez-les en morceaux.
3. Mixez le tout avec les graines de guarana et la crème fraîche. C'est prêt !

### ✯ Pourquoi c'est magique ?

Le guarana est réputé pour brûler les graisses tout en revitalisant l'organisme. Cette soupe diurétique vous redonnera aussi de l'énergie.

***Mon conseil :** vous pouvez remplacer la crème fraîche par du lait de soja, plus énergétique.*

# SOUPE À L'OSEILLE

*minceur - énergie - rétention d'eau - constipation - affections respiratoires et rhumatismales*

***Préparation : 10 min***
***Cuisson : 20 min***

**Ingrédients :** 200 g d'oseille, 2 œufs, 2 pommes de terre, 2 c. à s. de crème fraîche allégée, 1 noisette de beurre allégé, 1 citron.

1. Faites fondre l'oseille dans un fond d'eau avec le beurre allégé puis ajoutez 1 litre d'eau et portez à ébullition.
2. Épluchez, lavez les pommes de terre et faites-les cuire durant 20 min avec l'oseille.
3. Mélangez les œufs à la crème.
4. Pressez le citron.
5. Mixez le tout. C'est prêt !

### ✯ Pourquoi c'est magique ?

Une soupe apéritive, digestive, revitalisante et diurétique qui agit sur les voies respiratoires et les rhumatismes.

***Mon conseil :** pour nettoyer l'organisme, optez pour un bouillon d'oseille à siroter entre les repas en laissant infuser 25 g d'oseille dans 1 litre d'eau durant 10 min.*

# Soupe Gaspacho

*minceur - digestion - rétention d'eau*

*Préparation : 15 min*
*Réfrigération : 2 h*

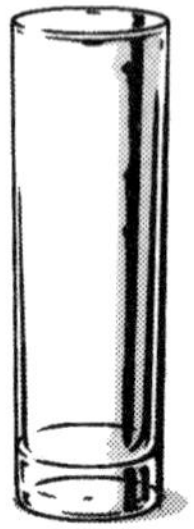

**Ingrédients :** 4 tomates, 1 gousse d'ail, 1 oignon, 1 branche de céleri, ½ poivron rouge, ½ concombre, 1 citron, 1 pincée de paprika.

1. Épépinez, mondez et coupez-les tomates en morceaux.
2. Lavez le céleri, épépinez et lavez le poivron, pelez le concombre et coupez-les en tronçons, lamelles et rondelles.
3. Hachez l'ail.
4. Émincez l'oignon.
5. Pressez le citron.
6. Mixez le tout avec le paprika. Laissez refroidir 2 h ou servez avec un glaçon dans chaque verre. C'est prêt !

### ✯ Pourquoi c'est magique ?

Une soupe digestive et dépurative qui aide le corps à éliminer les toxines.

***Mon conseil :*** *ajoutez selon votre goût 1 c. à s. de sauce Worcestershire.*

# SOUPE AU CRESSON

*minceur - rétention d'eau - apéritif - bronchites - rhumatismes - diabète - tabagisme*

*Préparation : 5 min*
*Cuisson : 15 min*

**Ingrédients :** 1 botte de cresson, 1 oignon, 1 citron, 2 c. à s. d'huile d'olive, 2 yaourts allégés.

1. Épluchez et hachez l'oignon. Faites-le revenir dans l'huile d'olive quelques min.
2. Émondez, nettoyez la botte de cresson et ajoutez aux oignons. Laissez revenir durant 10 min.
3. Pressez le citron.
4. Mixez le tout avec les yaourts. C'est prêt !

## ✮ Pourquoi c'est magique ?

Outre ses propriétés diurétiques, le cresson ouvre l'appétit, se digère facilement et reminéralise l'organisme, avec diverses propriétés thérapeutiques sur tout l'organisme.

***Mon conseil :** pour un effet diurétique renforcé, laissez infuser 1 poignée de feuilles de cresson avec 1 navet et 1 oignon dans 1 litre d'eau. Buvez ce bouillon tout au long de la journée.*

# SOUPE TOMATES-CONCOMBRE

*minceur - arthrite - goutte - rhumatismes - rétention d'eau - infections urinaires - stress - digestion*

*Préparation : 5 min*
*Cuisson : 5 min*

**Ingrédients :** 4 tomates, 1 concombre, 1 oignon, 1 citron bio, 8 brins de ciboulette, 2 c. à s. d'huile d'olive, 20 cl de crème fraîche allégée.

1. Lavez les tomates, faites-les revenir avec l'oignon haché et le zeste de citron râpé dans l'huile d'olive durant 5 min à feu doux.
2. Pelez le concombre et coupez-le en rondelles.
3. Rincez les brins de ciboulette.
4. Mixez le tout avec la crème fraîche. C'est prêt !

## ✯ Pourquoi c'est magique ?

Une soupe diurétique et antiseptique qui régule le transit intestinal. Indiquée également en cas d'infections urinaires, de cystites et de calculs rénaux.

***Mon conseil :** vous pouvez remplacer la crème fraîche par 2 fromages blancs allégés. Décorez le verre avec une rondelle de concombre.*

# SOUPE DE CÉLERI

*minceur - digestion - rétention d'eau - montée de lait*

*Préparation : 10 min*
*Cuisson : 15 min*
*Infusion : 10 min*

**Ingrédients :** 1 céleri-rave, 2 poireaux, 2 navets, 15 g de graines de fenouil.

1. Épluchez, lavez et coupez les légumes en morceaux.
2. Faites-les cuire à la vapeur durant 15 min.
3. Laissez infuser les graines de fenouil dans 1 litre d'eau durant 10 min.
4. Mixez le tout avec 50 cl d'infusion de fenouil. C'est prêt !

**✯ Pourquoi c'est magique ?**

Une soupe de légumes aux vertus amaigrissantes, digestives et diurétiques.

***Mon conseil :*** *buvez l'infusion de fenouil entre les repas pour réguler le transit intestinal ou favoriser la montée de lait. Vous pouvez acheter le fenouil en graines ou en sachets, en pharmacie ou en supermarché au rayon « Thé ».*

# SOUPE COURGETTES-POIREAUX

*minceur - constipation - rétention d'eau - rhumatismes - goutte*

*Préparation : 10 min*
*Cuisson : 25 min*

**Ingrédients :** 2 petites courgettes, 3 poireaux, 1 pomme de terre, 1 oignon, 1 cube de bouillon de légumes, 2 c. à s. d'huile d'olive.

1. Épluchez, lavez et coupez les courgettes, les poireaux, la pomme de terre et l'oignon en rondelles ou en fines lamelles.
2. Faites revenir les courgettes, l'oignon et les pommes de terre dans l'huile d'olive durant 5 min à feu doux.
3. Recouvrez d'eau, ajoutez le cube de bouillon puis les poireaux et laissez cuire durant 20 min.
4. Mixez le tout. C'est prêt !

### ✯ Pourquoi c'est magique ?

Une soupe diurétique riche en vitamines et en sels minéraux à consommer en cas de goutte ou de rhumatismes. Indiquée également en cas de transit paresseux pour son action légèrement laxative.

***Mon conseil :** un jus de poireau entre les repas facilitera l'élimination des toxines et des kilos superflus.*

# Soupes minceur aux fruits

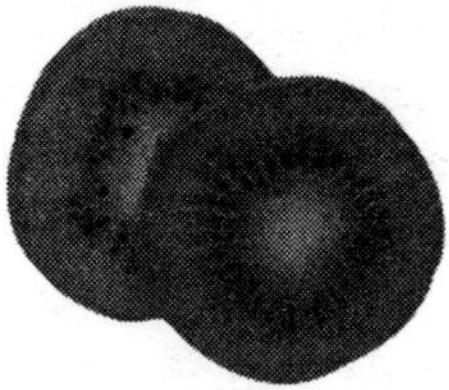

***Toutes les recettes qui suivent sont pour 4 verres***

# Soupe Pastèque-Menthe

*minceur - rétention d'eau - digestion - stress*

*Préparation : 10 min*

**Ingrédients :** 1 pastèque, 1 c. à c. de marjolaine en poudre, 1 c. à c. d'origan en poudre, 1 bouquet de menthe fraîche.

1. Épluchez, épépinez et coupez la pastèque en morceaux.
2. Lavez les feuilles de menthe.
3. Mixez le tout avec l'origan et la marjolaine. C'est prêt !

## ✯ Pourquoi c'est magique ?

Une soupe rafraîchissante, diurétique et digestive qui permet de détoxifier l'organisme.

***Mon conseil :** une tranche de pastèque chaque matin durant 3 semaines vous aidera à éliminer les déchets et les toxines. Utilisez de la marjolaine et de l'origan séchés et ajoutez un glaçon dans chaque verre avant de servir.*

# SOUPE DES NANAS

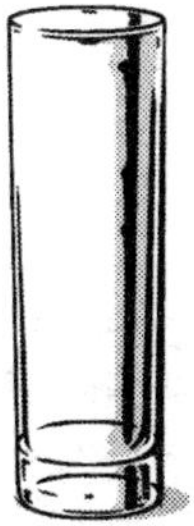

*minceur - rétention d'eau - digestion - cellulite*

***Préparation : 15 min***

**Ingrédients :** 1 ananas, 8 fraises, 1 poignée de groseilles, 2 pêches, 1 citron.

1. Lavez et coupez les fruits en dés, sauf le citron.
2. Pressez le citron.
3. Mixez les fruits avec le jus de citron. C'est prêt !

### ✮ Pourquoi c'est magique ?

L'ananas facilite la digestion, aide à mincir et désincruste la cellulite rebelle.
Une soupe de fruits aux pouvoirs désinfiltrants !

***Mon conseil :*** *deux belles tranches d'ananas après chaque repas vous aideront à retrouver la ligne.*

# SOUPE FILIFORME

*minceur - rétention d'eau*

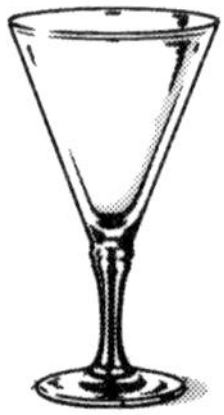

***Préparation : 10 min***
***Infusion : 10 min***

**Ingrédients :** 100 g de groseilles, 100 g de mûres, ½ melon, 15 g de feuilles séchées d'orthosiphon.

1. Lavez les groseilles et les mûres.
2. Épépinez le melon et coupez-le en petits morceaux.
3. Faites bouillir 1 litre d'eau dans lequel vous laisserez infuser les feuilles d'orthosiphon durant 10 min.
4. Mixez les fruits avec 50 cl d'infusion. C'est prêt !

### ✯ Pourquoi c'est magique ?

L'orthosiphon est une plante qui aide à dégonfler, à résorber les œdèmes, à améliorer la circulation lymphatique en général. Buvez les restes de votre infusion en dehors des repas.

***Mon conseil :*** *mixez la soupe avec des glaçons et servez très frais. Décorez avec une tranche de melon. Vous trouverez des feuilles d'orthosiphon séchées en boutique bio.*

# SOUPE DE LA REINE

*minceur - rétention d'eau - digestion*

***Préparation : 10 min***
***Temps d'infusion : 10 min***

**Ingrédients :** 2 carottes, 1 pomme, 1 poire, 20 feuilles séchées de reine-des-prés.

1. Lavez et épluchez les carottes, la pomme et la poire, puis coupez-les en morceaux.
2. Faites bouillir 1 litre d'eau dans lequel vous laisserez infuser les feuilles de reine-des-prés durant 10 min.
3. Mixez le tout avec 50 cl d'infusion. C'est prêt !

### ☆ Pourquoi c'est magique ?

Une soupe désaltérante pour lutter efficacement contre la rétention d'eau.

***Mon conseil :*** *buvez le reste de votre infusion après chaque repas pour favoriser l'élimination des déchets et des toxines. Vous trouverez des feuilles séchées de reine-des-prés en pharmacie, boutique bio ou au marché.*

# Soupe des Îles

*minceur - rétention d'eau - digestion - cellulite - arthrite - tendinites - anémie*

*Préparation : 10 min*

**Ingrédients :** 1 ananas, ½ citron, 100 g de poudre de coco râpé, 2 yaourts allégés.

1. Épluchez l'ananas et coupez-le en morceaux.
2. Pressez le citron.
3. Mixez l'ananas avec la poudre de coco, le jus de citron et les yaourts. C'est prêt !

## ✯ Pourquoi c'est magique ?

Une soupe brûle-graisses pour détoxifier l'organisme et lutter contre la cellulite.

***Mon conseil :** à consommer en cas de grosse fatigue ou de convalescence.*

# SOUPE DE CERISES AU THÉ VERT

*minceur - rétention d'eau*

*Préparation : 15 min*
*Infusion : 10 min*

**Ingrédients :** 250 g de cerises, 2 sachets de thé vert.

1. Équeutez, dénoyautez et lavez les cerises.
2. Faites infuser les 2 sachets de thé dans 1 litre d'eau bouillante durant 10 min.
3. Mixez les cerises avec 50 cl de thé et des glaçons. C'est prêt !

## ✯ Pourquoi c'est magique ?

La cerise est un dépuratif puissant et le thé vert favorise l'élimination des toxines ! Cette soupe est idéale dans un programme minceur.

***Mon conseil :*** *4 ou 5 tasses de thé vert réparties au cours de la journée pour un effet drainant prolongé. Utilisez du thé vert bio que vous trouverez en grandes surfaces ou dans les boutiques bio.*

# SOUPE EXOTIQUE

*minceur - rétention d'eau - affections respiratoires*

***Préparation : 20 min***
***Infusion : 10 min***

**Ingrédients :** 1 melon, 2 tranches de pastèque, 1 goyave, 1 mangue, 1 kiwi, 40 g de fleurs séchées de bourrache.

1. Lavez, épluchez les fruits, épépinez le melon et la pastèque, dénoyautez la goyave et la mangue, puis coupez-les en morceaux.
2. Faites infuser les fleurs de bourrache dans 1 litre d'eau bouillante durant 10 min.
3. Mixez les fruits avec 50 cl d'infusion de bourrache. C'est prêt !

## ✯ Pourquoi c'est magique ?

La soupe dépurative par excellence qui draine l'organisme et lui permet d'éliminer les toxines. Les fleurs de bourrache sont diurétiques mais elles adoucissent également les voies respiratoires.

***Mon conseil :*** *buvez votre infusion de bourrache entre les repas pour accentuer l'action drainante de la soupe. Pensez également à l'huile de bourrache en capsules pour faire une cure de jeunesse et retrouver un teint éclatant. Vous trouverez les feuilles de bourrache en pharmacie ou dans les boutiques bio.*

# SOUPE VANILLE-FRAISE

*minceur - rétention d'eau - digestion - calculs - infections urinaires - rhumatismes*

***Préparation : 20 min***

**Ingrédients :** 1 barquette de fraises, 1 gousse de vanille, 1 citron, 40 g de fleurs séchées de bruyère.

1. Lavez, équeutez les fraises et coupez-les en morceaux.
2. Faites infuser les fleurs de bruyère dans 1 litre d'eau bouillante durant 10 min.
3. Pressez le citron.
4. Ouvrez la gousse de vanille dans le sens de la longueur et récoltez les graines à l'aide d'un couteau.
5. Mixez les fruits avec les graines de vanille, le jus de citron et 50 cl d'infusion de bruyère. C'est prêt !

## ✯ Pourquoi c'est magique ?

Une soupe fraîcheur à servir en dessert pour améliorer la digestion et éliminer les toxines, les germes ou les bactéries grâce aux vertus diurétiques et antiseptiques de la bruyère.

***Mon conseil :*** *buvez votre infusion de bruyère entre les repas pour drainer l'organisme mais aussi pour réduire les inflammations, notamment en cas de troubles urinaires. Vous trouverez les fleurs de bruyère en pharmacie ou dans les boutiques bio.*

# SOUPE POMME-CASSIS

*minceur - rétention d'eau - digestion*

*Préparation : 20 min*
*Infusion : 10 min*

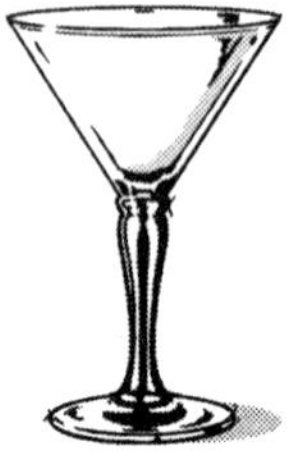

**Ingrédients :** 2 pommes, 200 g de cassis, 1 poignée de queues de cerises.

1. Lavez, épluchez les pommes et coupez-les en morceaux.
2. Rincez les cassis.
3. Laissez infuser les queues de cerises durant 10 min dans 1 litre d'eau bouillante.
4. Mixez les pommes et les cassis avec 50 cl d'infusion de queues de cerises. C'est prêt !

## ✯ Pourquoi c'est magique ?

Une soupe diurétique et rafraîchissante pour lutter activement contre la rétention d'eau.

***Mon conseil :** buvez l'infusion de queues de cerises entre les repas pour drainer l'organisme.*

# Soupe aux 3 Melons

*minceur - rétention d'eau - digestion - fatigue*

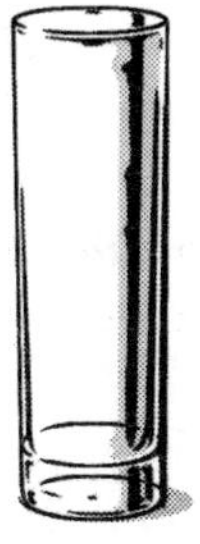

***Préparation : 10 min***

**Ingrédients :** ½ melon miel, ½ melon cantaloup, ½ melon d'eau, 2 c. à s. de gingembre en poudre ou 5 g de gingembre frais, 4 feuilles de menthe, 1 citron vert.

1. Épluchez les melons, épépinez-les et coupez-les en morceaux.
2. Pressez le citron vert.
3. Lavez les feuilles de menthe.
4. Mixez les fruits avec le jus de citron, le gingembre et la menthe. C'est prêt !

## ✯ Pourquoi c'est magique ?

Une soupe anti-eau qui redonne de l'énergie grâce au gingembre.

***Mon conseil :*** *placez les verres 1 h au congélateur et servez la soupe glacée. Vous trouverez du gingembre en poudre en grandes surfaces, sur le marché et dans les boutiques bio.*

# Soupe Cerise-Citron

*minceur - rétention d'eau - fatigue*

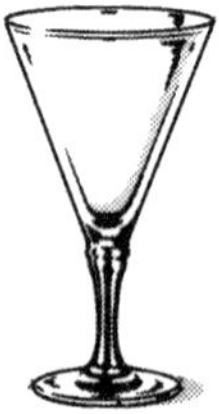

*Préparation : 15 min*
*Infusion : 15 min*

**Ingrédients :** 1 kg de cerises, 2 citrons.

1. Équeutez, lavez, dénoyautez les cerises et conservez les queues.
2. Faites infuser les queues de cerises dans 1 litre d'eau bouillante durant 15 min.
3. Pressez les citrons.
4. Mixez les cerises à la centrifugeuse. Ajoutez le jus des citrons.
5. Servez dans les verres aux ¾ et complétez avec l'infusion. C'est prêt !

## ✯ Pourquoi c'est magique ?

La soupe de cerises est une boisson tonique à privilégier au printemps, en cure, pour détoxifier l'organisme et éliminer les déchets et les toxines.

***Mon conseil :** buvez l'infusion de queues de cerises tout au long de la journée pour un effet dépuratif et drainant.*

# SOUPE ORANGE-PAPAYE-ANANAS

*minceur - rétention d'eau - digestion - ballonnements*

***Préparation : 15 min***

**Ingrédients :** 1 ananas, 2 papayes, 4 oranges, 8 feuilles de menthe fraîche.

1. Épluchez l'ananas et les papayes et coupez-les en morceaux.
2. Pressez les oranges.
3. Lavez les feuilles de menthe.
4. Mixez l'ananas avec la papaye et la menthe.
5. Ajoutez le jus d'orange. C'est prêt !

### ✯ Pourquoi c'est magique ?

Une soupe tropicale pleine de vitamines et de minéraux avec une action dépurative, diurétique et antispasmodique.

***Mon conseil :** buvez un jus d'ananas frais le matin pour détoxifier l'organisme un lendemain de fêtes.*

# SOUPE CAROTTE-PÊCHE-CITRON

*minceur - digestion - vieillissement cellulaire et cutané*

***Préparation : 15 min***

**Ingrédients :** 6 carottes, 4 pêches,
2 citrons,
2 c. à c. de vanille en poudre.

1. Lavez, épluchez les carottes et coupez-les en rondelles.
2. Pelez, dénoyautez les pêches et coupez-les en morceaux.
3. Pressez les citrons.
4. Mixez les carottes avec les pêches et la vanille.
5. Ajoutez le jus de citron. C'est prêt !

### ✯ Pourquoi c'est magique ?

Une soupe diététique et régénérante, riche en bêtacarotène et en vitamines. En plus de son action diurétique, elle favorisera le bon fonctionnement du transit intestinal et vous redonnera un teint de pêche.

***Mon conseil :*** *un jus de carottes chaque jour pour conserver un joli hâle et une belle peau.*

# SOUPE PÊCHE-ANANAS-MYRTILLE

*minceur - rétention d'eau - digestion*

***Préparation : 15 min***

**Ingrédients :** 1 ananas, 8 pêches, 200 g de myrtilles, 2 c. à c. de cannelle en poudre.

1. Épluchez l'ananas et coupez-le en morceaux.
2. Lavez, pelez, dénoyautez les pêches et coupez-les en morceaux.
3. Rincez les myrtilles.
4. Mixez les fruits avec la cannelle. C'est prêt !

## ✫ Pourquoi c'est magique ?

Une soupe rafraîchissante qui favorise le retour de la circulation veineuse et lutte contre la rétention d'eau. Elle a également une action antiseptique sur les intestins grâce à la myrtille et la cannelle.

***Mon conseil :** en cas de diarrhée chronique, buvez un jus de myrtilles frais tous les matins.*

# SOUPE FRAISES-PÊCHE-MENTHE

*minceur - rétention d'eau - digestion - fatigue*

*Préparation : 15 min*

**Ingrédients :** 500 g de fraises, 1 citron jaune, 1 citron vert, 4 pêches jaunes, 8 brins de menthe fraîche.

1. Lavez, équeutez les fraises et coupez-les en deux.
2. Pressez les citrons.
3. Épluchez, dénoyautez et coupez les pêches en morceaux.
4. Mixez le tout avec les feuilles de menthe rincées. C'est prêt !

### ✯ Pourquoi c'est magique ?

Une soupe diurétique, dépurative et antiseptique à consommer en cas d'états fébriles et de manque d'énergie.

***Mon conseil :** une infusion de menthe dans la matinée en cas de fatigue mais pas le soir car risque d'insomnie.*

# GASPACHO DE FRUITS ROUGES

*minceur - rétention d'eau - digestion - vieillissement cellulaire et cutané - fatigue*

***Préparation : 15 min***

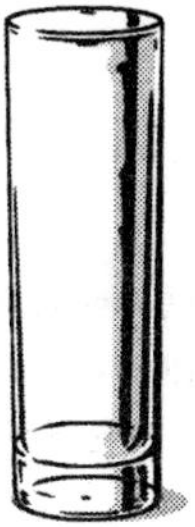

**Ingrédients :** 500 g de fraises, 500 g de framboises, 100 g de groseilles, 100 g de cassis, 1 c. à s. d'huile d'olive, 2 yaourts allégés.

1. Équeutez, lavez les fraises et coupez-les en deux.
2. Égrappez et rincez les groseilles et les cassis.
3. Rincez rapidement les framboises.
4. Mixez les fruits avec l'huile d'olive et les yaourts. C'est prêt !

## ✯ Pourquoi c'est magique ?

Une soupe de jeunesse pleine de vitamine C qui vous aidera à éliminer les kilos superflus.

***Mon conseil :*** *une infusion de cassis 3 fois par jour pour lutter contre la rétention d'eau : une pincée de feuilles par tasse à laisser infuser 10 min.*

# Soupe Melon-Framboises-Menthe

*minceur - rétention d'eau - constipation - vieillissement cellulaire et cutané - fatigue*

***Préparation : 10 min***

**Ingrédients :** 2 melons, 100 g de framboises, 8 brins de menthe, 40 cl de lait de soja vanillé.

1. Ouvrez, épépinez et découpez les melons en morceaux.
2. Rincez les framboises et les feuilles de menthe.
3. Mixez le tout avec le lait de soja vanillé.

### ✯ Pourquoi c'est magique ?

Une soupe diurétique et laxative qui aide à retrouver un ventre plat et à éliminer les toxines.

***Mon conseil :*** *buvez un verre de lait de soja chaque matin pour lutter contre le vieillissement cellulaire et cutané.*

# SOUPE AUX POMMES

*minceur - rétention d'eau - digestion - cholestérol - diabète - herpès - affections respiratoires*

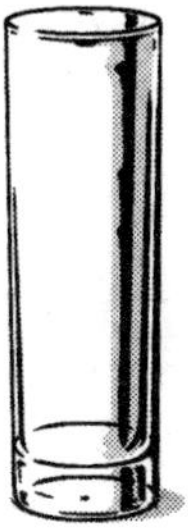

***Préparation : 10 min***
***Cuisson : 10 min***

**Ingrédients :** 4 pommes, 1 cube de bouillon de poulet, 1 oignon, 1 bouquet de persil, 1 citron, 1 c. à s. de crème fraîche allégée.

1. Lavez, épluchez, évidez et coupez les pommes en morceaux.
2. Pelez et émincez l'oignon.
3. Rincez le persil.
4. Faites cuire les pommes et l'oignon dans ½ litre d'eau bouillante additionnée du bouillon de poulet durant 10 min.
5. Mixez le tout avec le persil, le jus du citron et la crème.

## ✯ Pourquoi c'est magique ?

Une soupe diurétique et digestive conseillée aux diabétiques et aux personnes ayant un taux de cholestérol trop élevé. Indiquée également en cas de crise d'herpès ou de bronchite chronique.

***Mon conseil :*** *pensez à mâchonner un bâton de réglisse tous les jours si vous souffrez d'infections virales ou respiratoires chroniques, sauf si vous souffrez d'hypertension.*

# Soupes forme/vitalité

***Toutes les recettes qui suivent sont pour 4 verres***

# SOUPE FRAMBOISE-GROSEILLE

*minceur - rétention d'eau - constipation - infections urinaires*

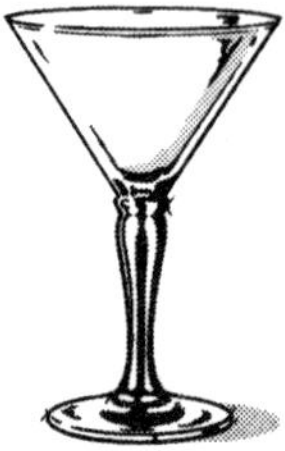

***Préparation : 20 min***

**Ingrédients :** 250 g de framboises, 50 g de feuilles de framboisier, 200 g de groseilles.

1. Rincez les fruits.
2. Faites infuser les feuilles de framboisier dans 1 litre d'eau bouillante durant 15 min.
3. Passez les framboises et les groseilles à la centrifugeuse.
4. Servez dans les verres aux ¾ et complétez avec l'infusion. C'est prêt !

### ✯ Pourquoi c'est magique ?

Une soupe à adopter en cas de troubles gastro-intestinaux ou d'infections urinaires. Les feuilles de framboisier lui confèrent également une action diurétique et laxative.

***Mon conseil :** l'infusion de feuilles de framboisier est conseillée juste avant l'accouchement pour nettoyer l'organisme. Vous les trouverez en pharmacie ou dans les boutiques bio.*

# Soupe Multifruits

*minceur - rétention d'eau - fatigue - stress*

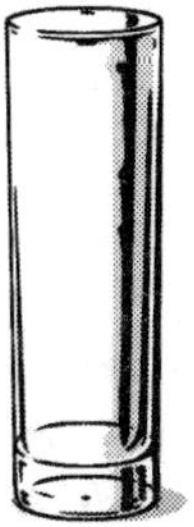

***Préparation : 15 min***

**Ingrédients :** 1 orange, 3 citrons, ½ ananas 20 cl de pur jus de raisin bio, 20 framboises, 10 fraises, 1 banane.

1. Pressez l'orange et les citrons.
2. Épluchez l'ananas et la banane, coupez-les en morceaux.
3. Équeutez les fraises puis lavez-les.
4. Rincez rapidement les framboises.
5. Mixez les fruits puis ajoutez le jus d'orange, de citron et de raisin. C'est prêt !

### ✮ Pourquoi c'est magique ?

Une soupe dynamisante par excellence, pour retrouver du tonus et commencer la journée du bon pied. Idéal en période de stress.

***Mon conseil :*** *buvez cette soupe au moment du petit déjeuner ou en cas de « coup de pompe » dans l'après-midi. Vous pouvez ajouter un glaçon dans chaque verre pour un effet glacé.*

# SOUPE CANNELLOISE

*minceur - rétention d'eau - digestion - fatigue*

*Préparation : 10 min*

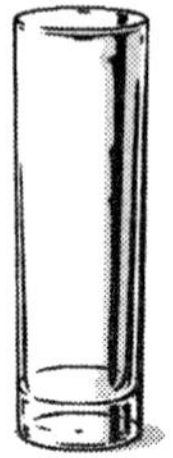

**Ingrédients :** 2 bananes, 2 oranges, 20 framboises, 40 cl de lait, 4 pincées de poudre de cannelle.

1. Épluchez les bananes et coupez-les en rondelles.
2. Pressez les oranges.
3. Rincez rapidement les framboises.
4. Mixez les fruits avec le lait et la cannelle. Ajoutez le jus d'orange. C'est prêt !

## ✯ Pourquoi c'est magique ?

Une soupe tonifiante, digeste et diurétique.

***Mon conseil :** une pincée de poudre de cannelle dans vos laitages pour réguler le transit intestinal.*

# SOUPE AU GINGEMBRE

*minceur - rétention d'eau - digestion - stress - fatigue*

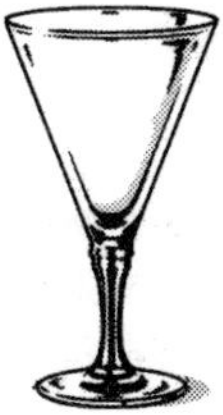

***Préparation : 15 min***

**Ingrédients :** 4 carottes, 2 oranges, 4 tomates, 100 g de gingembre frais ou 10 g en poudre.

1. Épluchez, lavez les carottes et coupez-les en rondelles.
2. Pressez les oranges.
3. Lavez les tomates et coupez-les en morceaux.
4. Mixez les carottes et les tomates avec le gingembre à la centrifugeuse.
5. Ajoutez le jus d'orange. C'est prêt !

### ✯ Pourquoi c'est magique ?

Une soupe tonique et digestive pour faire le plein d'énergie.

***Mon conseil :*** *pour retrouver du tonus et faciliter la digestion, mixez 100 g de gingembre frais que vous laisserez infuser une heure dans 1 litre d'eau bouillante. Buvez cette boisson au cours des repas.*

# SOUPE GINSENG

*minceur - rétention d'eau - digestion - stress - fatigue*

***Préparation : 20 min***

**Ingrédients :** 4 pommes, 4 kiwis, 1 pamplemousse, 1 orange, 1 citron, 1 sachet de thé vert au Ginseng.

1. Faites infuser le sachet de thé dans 50 cl d'eau bouillante durant 10 min puis laissez refroidir.
2. Lavez, épluchez les pommes et passez-les à la centrifugeuse.
3. Pressez les agrumes et ajoutez le jus des pommes.
4. Épluchez les kiwis et coupez-les en rondelles.
5. Mixez le tout avec les kiwis et l'infusion. C'est prêt !

## ✯ Pourquoi c'est magique ?

Une soupe dynamisante, digeste et diurétique.

***Mon conseil :** buvez du thé au ginseng tous les jours entre les repas pour drainer l'organisme et retrouver du tonus.*

# SOUPE DU PÊCHER

*minceur - fatigue*

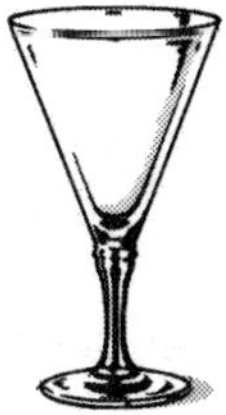

*Préparation : 10 min*

**Ingrédients :** 4 bananes, 4 pêches, 1 yaourt au soja, 40 cl de lait de soja vanillé.

1. Épluchez les bananes et coupez-les en rondelles.
2. Pelez les pêches et coupez-les en morceaux.
3. Mixez les fruits avec le yaourt et le lait de soja. C'est prêt !

## ✯ Pourquoi c'est magique ?

Une soupe revitalisante qui représente à elle seule, un petit déjeuner complet.

***Mon conseil :** vous pouvez remplacer les pêches par d'autres fruits de saison afin de varier les saveurs.*

# SOUPE POMME DE TERRE-HARICOTS VERTS

*affections respiratoires - digestion - stress - diabète - hépatisme - rhumatismes*

*Préparation : 10 min*
*Cuisson : 20 min*

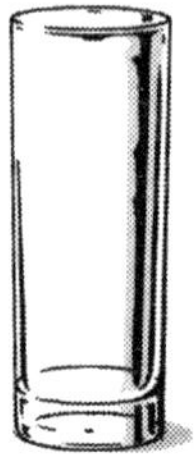

**Ingrédients :** 4 pommes de terre, 2 poignées de haricots verts, 2 feuilles de laurier, 1 brin de romarin, 2 brins de persil, 1 citron.

1. Épluchez, lavez les pommes de terre et faites-les cuire dans un bouillon composé de laurier et de romarin durant 20 min.
2. Ajoutez les haricots verts équeutés le dernier ¼ d'heure de cuisson.
3. Retirez le laurier et le romarin et conservez 50 cl de bouillon.
4. Mixez les légumes et le persil avec le bouillon.
5. Ajoutez le jus du citron. C'est prêt !

### ✯ Pourquoi c'est magique ?

Une soupe reconstituante, pleine de vitamines et de sels minéraux.

***Mon conseil :** décorez avec des brins de persil.*

# SOUPE AU POTIRON

*digestion - fatigue*

*Préparation : 10 min*
*Cuisson : 25 min*

**Ingrédients :** 400 g de potiron, 1 oignon, 2 pommes de terre, 2 tomates, 20 brins de ciboulette, 2 c. à s. d'huile d'olive.

1. Évidez et coupez le potiron en morceaux.
2. Pelez l'oignon et hachez-le.
3. Épluchez, rincez et coupez les pommes de terre en dés.
4. Lavez les tomates et coupez-les en quatre.
5. Faites revenir le potiron, les pommes de terre et l'oignon dans l'huile d'olive durant 5 min.
6. Ajoutez 50 cl d'eau et laissez cuire 20 min.
7. Mixez le tout avec les tomates et la ciboulette rincée. C'est prêt !

### ✯ Pourquoi c'est magique ?

Une soupe revitalisante et digeste.

***Mon conseil :** ciselez des brins de ciboulette pour en parsemer la soupe.*

# SOUPE CAROTTE-CUMIN

*digestion - rétention d'eau - fatigue*

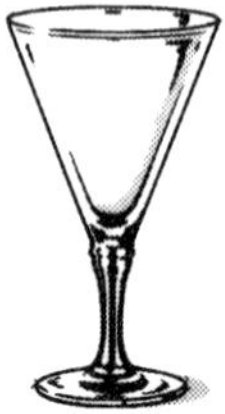

***Préparation : 10 min***

**Ingrédients :** 4 carottes, 2 oranges, 1 citron, 1 pincée de poudre de cumin.

1. Lavez, épluchez les carottes et coupez-les en rondelles.
2. Pressez les oranges et le citron.
3. Mixez le tout avec le cumin. C'est prêt !

## ✯ Pourquoi c'est magique ?

Une soupe légère et parfumée, tonique, digeste et diurétique.

***Mon conseil :** décorez les verres avec des zestes de citron.*

# SOUPE CÉLERI-BROCOLI

*fatigue - vieillissement cellulaire et cutané - rétention d'eau*

*Préparation : 10 min*
*Cuisson : 10 min*

**Ingrédients :** 1 brocoli, 4 branches de céleri, 2 tomates, 2 pommes, 1 citron.

1. Lavez, coupez le brocoli et faites-le cuire dans l'eau bouillante durant 10 min.
2. Épluchez, évidez les pommes et coupez-les en morceaux.
3. Rincez et découpez les branches de céleri en rondelles.
4. Lavez les tomates et coupez-les en 4.
5. Pressez le citron.
6. Mixez le tout. C'est prêt !

## ✯ Pourquoi c'est magique ?

Une soupe antioxydante et tonifiante qui favorise le drainage de l'organisme.

***Mon conseil :*** *ajoutez une pincée de sel au céleri dans chaque verre et décorez avec un morceau de céleri sur le bord du verre.*

# SOUPE VERTE

*fatigue - stress - digestion - bronchites - rétention d'eau*

***Préparation : 15 min***

**Ingrédients :** 4 carottes, 2 branches de céleri, 20 feuilles d'épinards, 20 feuilles de sarriette, 4 oranges, 1 citron.

1. Rincez et découpez les branches de céleri en morceaux.
2. Pelez, rincez les carottes et coupez-les en rondelles.
3. Lavez les feuilles d'épinards et les feuilles de sarriette.
4. Pressez les oranges et le citron.
5. Mixez le tout. C'est prêt !

## ✯ Pourquoi c'est magique ?

Digestive et stimulante, cette soupe convient à toutes les personnes stressées et en manque de tonus.

***Mon conseil :*** *quelques gouttes de Tabasco pour les amateurs de soupes relevées. Vous trouverez des feuilles de sarriette en pharmacie, sur le marché ou dans les boutiques bio.*

# SOUPE À L'AIL

*affections respiratoires - fatigue - digestion*

*Préparation : 10 min*
*Cuisson : 15 min*

**Ingrédients :** 4 gousses d'ail, 2 œufs, 4 verres d'eau.

1. Épluchez les gousses d'ail et faites-les bouillir dans 1 litre d'eau durant 10 min.
2. Cassez les œufs dans un bol et battez-les énergiquement.
3. Écrasez les gousses d'ail à la fourchette et incorporez-les à vos œufs battus avec l'eau de cuisson.
4. Faites chauffer la préparation à feu doux jusqu'à ce que la soupe soit onctueuse. C'est prêt !

## ☆ Pourquoi c'est magique ?

Cette soupe de l'hiver est préconisée en cas de rhume, bronchite ou toute autre affection respiratoire. Elle vous redonnera du tonus et de l'énergie !

***Mon conseil :*** *servez cette soupe avec quelques croûtons. Pour garder une haleine fraîche, croquez un grain de café, un brin de persil ou quelques graines d'anis après la soupe.*

# SOUPE POIREAU-CÉLERI

*stress - goutte - rétention d'eau - artériosclérose - calculs - rhumatismes - infections urinaires*

*Préparation : 10 min*
*Cuisson : 15 min*

**Ingrédients :** 4 poireaux, 8 branches de céleri, 2 branches de cerfeuil, 20 cl de crème fraîche allégée.

1. Ôtez la première pelure du poireau et coupez sa racine. Lavez-le puis coupez-le en tronçons. Faites-le cuire durant 15 min dans de l'eau bouillante salée.
2. Rincez et coupez les branches de céleri en tronçons.
3. Lavez et ciselez le cerfeuil.
4. Mixez les légumes et le cerfeuil.
5. Ajoutez la crème fraîche. C'est prêt !

## ✯ Pourquoi c'est magique ?

Cette soupe est remarquable pour éliminer l'acide urique et favoriser le drainage de l'organisme tout en agissant sur les rhumatismes, la goutte ou l'artériosclérose de par les vertus combinées du poireau, du céleri et du cerfeuil. Tonique, elle est recommandée en cas de fatigue nerveuse.

***Mon conseil :** en cas de rhumatismes chroniques, buvez un verre de cette soupe tous les matins.*

# SOUPE AU CERFEUIL

*affections respiratoires - hépatisme - rétention d'eau - goutte - rhumatismes*

***Préparation : 5 min***
***Cuisson : 10 min***

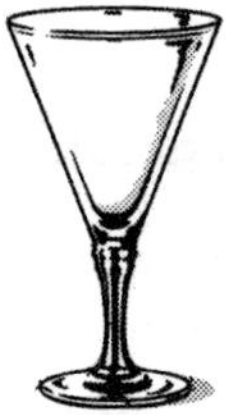

**Ingrédients :** 100 g de cerfeuil haché, 50 g de fleurs de cerfeuil, 50 g de beurre allégé, 1 œuf.

1. Faites bouillir ½ litre d'eau salée.
2. Chauffez le beurre avec les fleurs de cerfeuil en remuant jusqu'à ébullition puis ajoutez l'eau au fur et à mesure. Laissez mijoter durant 5 min puis ajoutez le cerfeuil haché.
3. En dehors du feu, incorporez l'œuf battu à la soupe. Mixez, c'est prêt !

## ✯ Pourquoi c'est magique ?

Cette soupe de l'hiver vous permettra de remédier aux bronchites, maux de gorge ou rhumes liés à cette saison. Sans oublier ses bienfaits sur les rhumatismes, la goutte et toutes les congestions hépatiques. À noter également son action sur la rétention d'eau.

***Mon conseil :** si vous souffrez de l'un des symptômes indiqués, prenez le cerfeuil en infusion tout au long de la journée. Vous trouverez du cerfeuil frais en supermarché ou au marché et des fleurs de cerfeuil dans les boutiques bio.*

# Soupe Chou-Miel

*affections respiratoires*

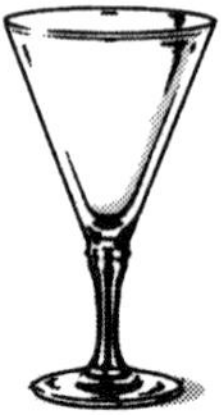

*Préparation : 10 min*
*Cuisson : 20 secondes*

**Ingrédients :** 400 g de chou vert, 4 c. à s. de miel.

1. Lavez soigneusement les feuilles de chou et plongez-les 20 secondes dans l'eau bouillante.
2. Passez les feuilles à la centrifugeuse pour en extraire le jus.
3. Ajoutez 1 c. à s. de miel dans chaque verre et buvez aussitôt.

## ✫ Pourquoi c'est magique ?

Les bienfaits du chou sur la grippe, la bronchite, l'asthme ou même la pneumonie sont reconnus depuis l'antiquité. Cette soupe est préconisée pour toutes les affections respiratoires.

***Mon conseil :** en cas de bronchite chronique, buvez trois verres par jour.*

# SOUPE ÉPINARDS-CRESSON

*fatigue - stress - dépression - anémie*

*Préparation : 10 min*

**Ingrédients :** 400 g d'épinards, 400 g de cresson, 20 cl de crème fraîche allégée.

1. Lavez plusieurs fois les feuilles d'épinards et de cresson.
2. Passez-les à la centrifugeuse pour en extraire le jus.
3. Ajoutez la crème fraîche allégée. C'est prêt !

### ✯ Pourquoi c'est magique ?

Une soupe antifatigue, reminéralisante et optimale pour lutter contre l'anxiété et les symptômes dépressifs.

***Mon conseil :*** *en cure, chaque matin, durant 1 mois pour en ressentir les bienfaits.*

# SOUPE FENOUIL-CÉLERI

*digestion - spasmes - stress - rétention d'eau*

*Préparation : 15 min*

**Ingrédients :** 400 g de fenouil en bulbe, 400 g de céleri, 4 carottes, 2 tomates.

1. Épluchez et lavez le fenouil, le céleri et les carottes.
2. Coupez-les en tronçons et rondelles.
3. Pelez les tomates et coupez-les en quatre.
4. Mixez le tout. C'est prêt !

## ☆ Pourquoi c'est magique ?

Une soupe digeste et diurétique, conseillée en cas de colites spasmodiques, de ventre gonflé et de ballonnements intestinaux.

***Mon conseil :*** *à consommer midi et soir durant 3 jours pour retrouver un ventre plat.*

# SOUPE CITROUILLE-LAITUE

*insomnie*

*Préparation : 10 min*
*Cuisson : 20 min*

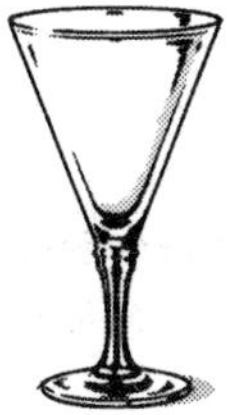

**Ingrédients :** 400 g de citrouille, 100 g de laitue.

1. Évidez et coupez la citrouille en morceaux.
2. Lavez les feuilles de laitue.
3. Faites cuire les feuilles de laitue avec la citrouille durant 20 min dans 50 cl d'eau bouillante, à feu doux.
4. Mixez le tout. C'est prêt !

## ✯ Pourquoi c'est magique ?

Une soupe pour les insomniaques qui se réjouiront des vertus sédatives de la laitue et de la citrouille.

***Mon conseil :*** *une infusion de feuilles de laitue avant le coucher vous aidera à trouver le sommeil : 1 poignée de feuilles de laitue dans 1 tasse d'eau bouillante. Laissez infuser 10 min et buvez aussitôt.*

# Soupe Lentilles-Carottes

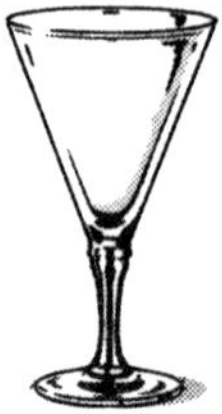

*digestion - montée de lait - fatigue*

*Préparation : 10 min*
*Cuisson : 20 min*

**Ingrédients :** 200 g de lentilles vertes, 2 carottes, 8 feuilles d'aneth.

1. Épluchez, lavez et découpez les carottes en rondelles.
2. Faites cuire les lentilles durant 20 min dans 1 litre d'eau bouillante et les carottes à la vapeur 10 min.
3. Rincez les feuilles d'aneth et mixez-les avec les lentilles et les carottes. C'est prêt !

### ✯ Pourquoi c'est magique ?

Une soupe qui favorise la montée de lait tout en étant très digeste et nutritive. À consommer en période d'allaitement.

***Mon conseil :** une infusion de feuilles d'aneth après les repas vous aidera à bien digérer.*

# SOUPE FENOUIL-TOMATE

*digestion - spasmes - stress -*
*montée de lait - fatigue - insomnie*

*Préparation : 10 min*

**Ingrédients :** 1 bulbe de fenouil, 8 tomates, 8 brins d'aneth.

1. Lavez et coupez le fenouil en gros morceaux.
2. Pelez les tomates et coupez-les en morceaux.
3. Mixez le tout avec l'aneth rincé. C'est prêt !

### ✯ Pourquoi c'est magique ?

Une soupe qui favorise la montée de lait, tout en étant reminéralisante et antispasmodique.

***Mon conseil :** un jus de tomates tous les matins en cas d'allaitement pour reminéraliser l'organisme.*

# SOUPE AU CASSIS

*affections respiratoires - stress - fatigue - arthrite - rhumatismes - rétention d'eau*

***Préparation : 20 min***

**Ingrédients :** 300 g de cassis, 100 g de feuilles de cassis, 50 g de feuilles de frêne, 50 g de sommités fleuries de reine-des-prés.

1. Rincez les cassis.
2. Faites infuser les feuilles de cassis, de frêne et les sommités fleuries de reine-des-prés dans 1 litre d'eau bouillante durant 15 min.
3. Mixez les cassis à la centrifugeuse.
4. Servez dans les verres à moitié et complétez avec l'infusion. C'est prêt !

## ✯ Pourquoi c'est magique ?

La soupe au cassis va redonner du tonus aux personnes fatiguées, déprimées, souffrant d'arthrite ou de rhumatismes. Indiquée également pour soulager les affections respiratoires. En cas d'angine, buvez au moins 3 verres par jour.

***Mon conseil :*** *si vous souffrez de rhumatismes chroniques, buvez 1 litre d'infusion de feuilles de cassis par jour. Vous trouverez les feuilles de cassis, de frêne et les sommités fleuries de reines-des-prés en pharmacie ou dans les boutiques bio.*

# SOUPE AUX OLIVES

*troubles gastro-intestinaux*

*Préparation : 5 min*
*Cuisson : 20 min*

**Ingrédients :** 4 pommes de terre, 60 olives noires dénoyautées et concassées, 10 feuilles de coriandre.

1. Épluchez, lavez les pommes de terre et faites-les cuire à la vapeur durant 20 min.
2. Rincez les feuilles de coriandre.
3. Mixez les pommes de terre, les olives et la coriandre. C'est prêt !

## ✯ Pourquoi c'est magique ?

Une soupe pour les transits intestinaux fragilisés. Efficace en cas de troubles gastro-intestinaux tels que la constipation, les ballonnements, les spasmes ou les colites.

***Mon conseil :*** *en cas d'ulcère gastrique ou gastroduodénal, buvez 1 verre de jus de pomme de terre crue à la centrifugeuse avant chaque repas, en cure de 3 semaines. Vous trouverez les feuilles de coriandre en supermarché, sur le marché ou en boutique bio.*

# Soupe Poivron-Tomate

*fatigue - anémie - stress - rhumatismes*

***Préparation : 10 min***

**Ingrédients :** 2 poivrons rouges, 8 tomates, 2 citrons, 20 feuilles de basilic, 10 brins de persil.

1. Épépinez les poivrons, lavez-les et coupez-les en morceaux.
2. Pressez les citrons.
3. Rincez le basilic et le persil.
4. Lavez et coupez les tomates en 4.
5. Mixez le tout avec les tomates, le basilic et le persil. C'est prêt !

### ✭ Pourquoi c'est magique ?

Une soupe réconfortante pour les organismes anémiés, fatigués ou en convalescence. Efficace également en cas d'intoxication alimentaire ou pour soulager des rhumatismes chroniques.

***Mon conseil :** buvez cette soupe tous les jours, en cure, pour retrouver votre vitalité.*

# SOUPE CRESSONNOISE

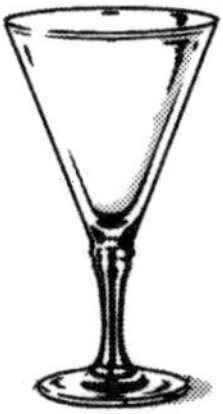

*affections respiratoires*

***Préparation : 10 min***
***Cuisson : 20 min***

**Ingrédients :** 1 botte de cresson, 4 pommes de terre, 2 oignons, 6 branches de thym frais, 3 feuilles de sauge fraîche, 20 cl de crème fraîche allégée.

1. Lavez plusieurs fois le cresson.
2. Épluchez, rincez les pommes de terre et coupez-les en morceaux.
3. Pelez les oignons et coupez-les en deux.
4. Rincez les herbes.
5. Faites cuire le tout dans un ½ litre d'eau bouillante durant 20 min avec les branches de thym.
6. Retirez les branches de thym et mixez le tout avec la crème. C'est prêt !

## ✯ Pourquoi c'est magique ?

Une soupe antiseptique pour toutes les affections respiratoires telles les bronchites, pneumonies ou l'asthme.

***Mon conseil :*** *pour agir efficacement sur une toux persistante ou une bronchite chronique, faites infuser des branches de thym ou du thym en vrac dans 1 litre d'eau bouillante et buvez tout au long de la journée. Vous trouverez de la sauge fraîche dans les rayons bio des supermarchés, sur le marché ou dans les boutiques bio.*

# SOUPE CHICORÉE-TOMATE

*rétention d'eau - digestion - hépatisme*

*Préparation : 10 min*
*Cuisson : 15 min*
*Infusion : 15 min*

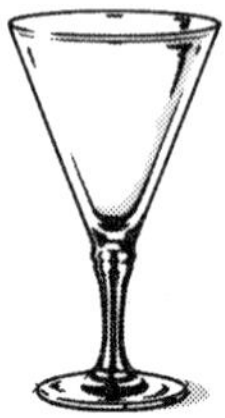

**Ingrédients :** 8 tomates, 2 oignons, 2 avocats, 1 gousse d'ail, 4 racines de chicorée sauvage, 8 feuilles de coriandre, 2 c. à s. d'huile d'olive, 1 petit piment rouge.

1. Faites bouillir ½ litre d'eau et laissez infuser les racines de chicorée sauvage durant 15 min. Puis, retirez-les.
2. Épluchez les tomates et faites-les revenir avec les oignons pelés et émincés et l'ail haché dans l'huile d'olive.
3. Ajoutez l'infusion, la coriandre rincée et le piment et laissez cuire durant 15 min.
4. Mixez le tout avec les avocats épluchés et coupés en dés. C'est prêt !

### ✯ Pourquoi c'est magique ?

Une soupe dépurative qui favorisera la digestion et agira sur le foie autant que sur les intestins. Diurétique, elle aidera l'organisme à éliminer les déchets et les toxines.

***Mon conseil :** en cas de troubles hépatiques chroniques, buvez chaque jour 3 ou 4 tasses d'une infusion de racines de chicorée sauvage que vous trouverez dans les boutiques bio.*

# SOUPE POMME-PRUNE-RAISIN

*digestion - constipation - rétention d'eau*

*Préparation : 5 min*

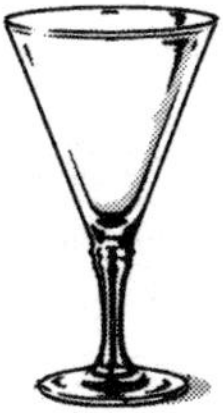

**Ingrédients :** 2 pommes, 60 ml de jus de prune bio, 60 ml de jus de raisin blanc bio, 2 citrons.

1. Lavez, épluchez les pommes et coupez-les en morceaux.
2. Pressez les citrons.
3. Mixez les pommes avec le citron puis ajoutez les jus de prune et de raisin. C'est prêt !

## ✯ Pourquoi c'est magique ?

Une soupe tonique, drainante et diurétique qui va réguler le transit intestinal et lutter contre la constipation.

***Mon conseil :*** *en cas de constipation chronique, laissez tremper des pruneaux la veille au soir dans un peu d'eau et mangez-les à jeun le lendemain, en buvant également le jus.*

# SOUPE PURIFIANTE

*rétention d'eau - digestion - affections respiratoires*

*Préparation : 5 min*
*Cuisson : 8 min*

**Ingrédients :** 1 botte de cresson, 1 poireau avec un peu de vert, 20 feuilles d'épinards, 10 fanes de navet, 1 branche de persil, 10 feuilles de coriandre fraîche, 1 yaourt allégé.

1. Lavez le poireau et coupez-le en morceaux.
2. Plongez-les dans l'eau bouillante durant 5 min puis ajoutez les épinards et les fanes de navet durant 3 min supplémentaires.
3. Lavez le cresson et la branche de persil.
4. Mixez le tout avec les feuilles de coriandre, le cresson, le persil et le yaourt allégé. C'est prêt !

### ✯ Pourquoi c'est magique ?

Une soupe reminéralisante, diurétique et très digestive pour se sentir léger et en pleine forme. Efficace également sur les affections respiratoires grâce au cresson et à la coriandre.

***Mon conseil :*** *en période hivernale ou lors d'épisodes de troubles respiratoires, faites cuire 2 navets avec leurs fanes dans 1 litre d'eau bouillante durant 10 min, puis buvez l'infusion en dehors des repas. Vous trouverez les feuilles de coriandre fraîche dans les supermarchés ou sur le marché.*

# SOUPE CAROTTE-BOULEAU

*vieillissement cellulaire et cutané - cholestérol - digestion*

***Préparation : 15 min***
***Cuisson : 10 min***
***Infusion : 10 min***

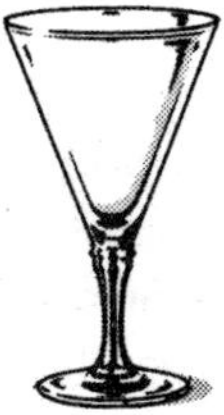

**Ingrédients :** 8 carottes, 1 gousse d'ail, 20 feuilles de bouleau.

1. Lavez, épluchez, coupez les carottes en rondelles et faites-les cuire 10 min à la vapeur.
2. Faites bouillir 1 litre d'eau puis jetez-y les feuilles de bouleau. Laissez infuser 10 min puis retirer les feuilles.
3. Écrasez la gousse d'ail pelée.
4. Mixez les carottes avec l'ail et 50 cl d'infusion de bouleau. C'est prêt !

### ☆ Pourquoi c'est magique ?

Une soupe qui aide à lutter contre le mauvais cholestérol avec une action favorable au niveau cardio-vasculaire.

***Mon conseil :*** *buvez une infusion de bouleau entre les repas pour faire baisser votre taux de cholestérol. Vous trouverez des feuilles de bouleau en pharmacie ou dans les boutiques bio.*

# SOUPE AROMATIQUE

*rétention d'eau - digestion*

***Préparation : 5 min***
***Cuisson : 11 min***

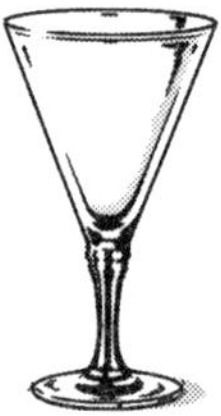

**Ingrédients :** 2 petites courgettes, 1 concombre, 1 poireau, 2 oignons, 1 gousse d'ail, 15 feuilles d'oseille, 4 brins de persil, 15 feuilles de menthe fraîche, 1 pincée de thym en poudre, 1 pincée d'estragon en poudre, 10 brins de ciboulette, 1 c. à c. de graines de coriandre, 1 c. à c. de graines d'anis étoilé, 2 c. à c. d'huile d'olive, 20 cl de crème fraîche allégée.

1. Épluchez, lavez le concombre, le poireau et les courgettes et coupez-les en morceaux. Plongez-les 5 min dans l'eau bouillante.
2. Faites revenir les oignons avec l'huile. Lorsqu'ils sont dorés, ajoutez l'ail haché, les herbes et les graines et laissez cuire durant 5 min.
3. Mixez cette préparation avec les courgettes et le concombre.
4. Ajoutez la crème fraîche et mixez de nouveau. C'est prêt !

## ✰ Pourquoi c'est magique ?

Une soupe antispasmodique, vermifuge, antiseptique et diurétique grâce à la combinaison des légumes, des herbes et des graines. Idéale pour détoxifier l'organisme en cas de ballonnements, de lourdeurs gastriques ou un lendemain de fêtes.

***Mon conseil :*** *en cas de « gueule de bois », buvez 1 litre de bouillon de poireau tout au long de la journée. Vous trouverez les herbes fraîches en supermarché ou épicerie et les graines de coriandre et d'anis étoilé en supermarché ou boutique bio.*

# Soupe à la Betterave

*digestion - stress - dépression*

*Préparation : 5 min*
*Cuisson : 5 min*
*Réfrigération : 2 h*

**Ingrédients :** 8 betteraves cuites à la vapeur, 2 oignons rouges, 2 gousses d'ail, 15 brins de basilic, 1 c. à c. de noix de muscade en poudre, ¼ c. à c. de safran, 2 c. à s. d'huile d'olive.

1. Coupez les betteraves en morceaux.
2. Faites revenir les oignons pelés et émincés et l'ail haché dans l'huile durant 5 min.
3. Ajoutez le basilic rincé, la noix de muscade et le safran.
4. Mixez le tout et laissez refroidir 2 h au réfrigérateur. C'est prêt !

### ✯ Pourquoi c'est magique ?

Une soupe rafraîchissante qui stimulera le système nerveux et redonnera du tonus aux personnes fatiguées tout en apaisant les anxieux. Digeste et antiseptique, elle est indiquée en cas de transit perturbé.

***Mon conseil :** si votre moral est au plus bas, un jus de betterave le matin vous le remontera.*

# SOUPE POMME-CÉLERI

*rétention d'eau - digestion - rhumatismes*

*Préparation : 10 min*
*Cuisson : 15 min*

**Ingrédients :** 4 pommes, 1 branche de céleri, 1 citron, 1 poignée de câpres en bocal.

1. Épluchez, évidez et coupez les pommes en morceaux. Citronnez-les.
2. Lavez, coupez la branche de céleri en tronçons et faites-la cuire avec les pommes durant 15 min dans 50 cl d'eau bouillante.
3. Mixez le tout avec les câpres et servez très frais. C'est prêt !

## ✯ Pourquoi c'est magique ?

Une soupe reminéralisante et diurétique qui agira sur le système digestif et sur les troubles musculaires et rhumatismaux.

***Mon conseil :** si vous souffrez de rhumatismes chroniques ou d'affections gastro-intestinales, faites bouillir 2 pommes coupées en morceaux avec leur peau durant 20 min dans l'eau bouillante, puis buvez l'infusion au cours de la journée.*

# SOUPE DE LENTILLES CORAIL AU CURRY

*digestion - montée de lait - fatigue*

*Préparation : 5 min*
*Cuisson : 25 min*

**Ingrédients :** 300 g de lentilles corail, 2 gros oignons, 2 c. à s. d'huile d'olive, 1 c. à c. de poudre de curry, 10 feuilles de coriandre fraîche.

1. Épluchez et émincez les oignons. Faites-les revenir dans l'huile durant 5 min.
2. Ajoutez le curry puis remuez pendant 1 min avant d'ajouter les lentilles et 50 cl d'eau.
3. Laissez cuire à feu doux et à couvert durant 20 min.
4. Mixez le tout et parsemez chaque verre de coriandre fraîche hachée finement. C'est prêt !

## ✯ Pourquoi c'est magique ?

Une soupe nutritive et digeste qui a l'avantage de favoriser la montée de lait pour les jeunes mamans.

***Mon conseil :** en cas de grosse fatigue ou de convalescence, buvez cette soupe le midi pendant une semaine. Vous trouverez de la coriandre fraîche dans les supermarchés, sur le marché ou dans les boutiques bio.*

# SOUPE DE COURGETTES AU CUMIN

*rétention d'eau - digestion - ulcères - vieillissement cutané et cellulaire*

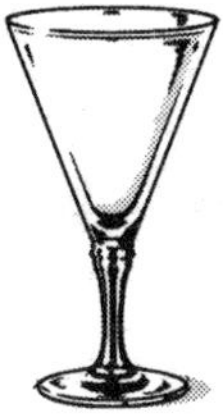

*Préparation : 10 min*
*Cuisson : 20 min*

**Ingrédients :** 4 courgettes bio, 2 gros oignons, 2 c. à s. d'huile d'olive, 2 c. à c. de poudre de cumin.

1. Épluchez et émincez les oignons.
2. Lavez et coupez les courgettes en petits dés.
3. Faites revenir les oignons dans l'huile d'olive durant 5 min.
4. Ajoutez le cumin puis remuez pendant 1 min avant d'ajouter les dés de courgettes puis 50 cl d'eau.
5. Laissez cuire à feu doux et à couvert pendant au moins 15 min.
6. Mixez le tout jusqu'à obtention d'une consistance veloutée. C'est prêt.

### ✯ Pourquoi c'est magique ?

Une soupe très digeste indiquée pour lutter contre les ulcères et les troubles cardio-vasculaires.

***Mon conseil :** son atout diurétique en fait une alliée minceur alors n'hésitez pas à la consommer régulièrement pour réguler le transit et lutter contre la rétention d'eau.*

# Soupe d'Herbes du printemps de la montagne

*digestion - fatigue - anémie - ostéoporose - aphrodisiaque*

*Préparation : 10 min*
*Cuisson : 30 min*

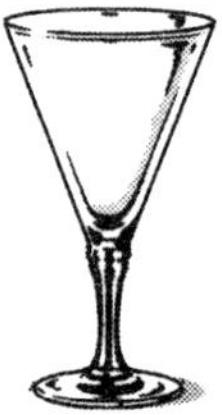

**Ingrédients :** 350 g de pousses d'orties, 350 g de pousses d'épinards sauvages, 2 belles pommes de terre, 1 gros oignon, 2 c. à s. d'huile d'olive.

1. Pelez et émincez l'oignon.
2. Épluchez et rincez les pommes de terre, coupez-les en dés.
3. Lavez très soigneusement les orties et les épinards sauvages plusieurs fois. Ajoutez un peu de vinaigre dans la dernière eau de rinçage et laissez tremper ¼ d'heure.
4. Faites revenir l'oignon dans l'huile durant 5 min.
5. Ajoutez les orties et les épinards sauvages puis laissez cuire encore 5 min en remuant fréquemment.
6. Ajoutez 50 cl d'eau et les pommes de terre.
7. Laissez cuire à feu doux et à couvert pendant au moins 20 min.
8. Mixez le tout jusqu'à obtention d'une consistance veloutée. C'est prêt.

### ✯ Pourquoi c'est magique ?

Une soupe riche en fer pour toutes les personnes anémiées et fatiguées. De plus, elle est indiquée pour lutter contre l'ostéoporose tout en étant particulièrement purifiante pour les intestins.

***Mon conseil :*** *pour retrouver votre libido, consommez 1 poignée de graines d'orties séchées au soleil, chaque jour. Vous pouvez ramasser les orties et sélectionner les jeunes feuilles uniquement ou les acheter dans une herboristerie ou une boutique bio.*

# SOUPE AU CHOU-FLEUR

*rétention d'eau - digestion -
infections urinaires - calculs - spasmes*

***Préparation : 10 min***
***Cuisson : 25 min***

**Ingrédients :** 1 chou-fleur, 2 navets, 2 poireaux, 2 oignons, 2 carottes, 1 bouquet de persil, 2 c. à s. d'huile d'olive.

1. Pelez et émincez les oignons puis faites-les revenir dans l'huile durant 5 min.
2. Épluchez, lavez et coupez les légumes en morceaux.
3. Faites-les cuire dans 50 cl d'eau salée durant 20 min.
4. Mixez le tout avec le persil rincé. C'est prêt.

## ✫ Pourquoi c'est magique ?

Une soupe diurétique et digestive à consommer spécialement en cas de colite spasmodique, de lithiase urinaire ou de cystite.

***Mon conseil :*** *un jus de chou-fleur le matin en cas de lithiase urinaire.*

# SOUPE TOMATE-BASILIC

*rétention d'eau - digestion - spasmes*

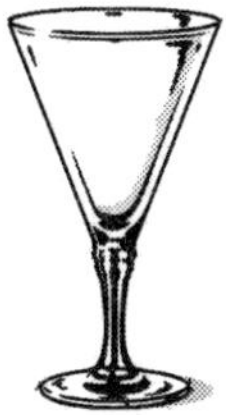

*Préparation : 5 min*

**Ingrédients :** 16 petites tomates grappe, 4 brins de basilic, 1 citron.

1. Pelez les tomates et coupez-les en morceaux.
2. Pressez le citron.
3. Lavez les feuilles de basilic.
4. Mixez le tout. Servez bien frais. C'est prêt.

### ✯ Pourquoi c'est magique ?

Une soupe dépurative en cas d'intoxication alimentaire.

***Mon conseil :*** *laissez infuser une vingtaine de feuilles de basilic dans 1 litre d'eau et buvez cette tisane pour calmer les spasmes intestinaux. Vous pouvez ajouter un glaçon dans chaque verre pour rafraîchir la soupe.*

# Soupe Haricots verts-Thym-Romarin

*rétention d'eau - digestion - fatigue - dépression - rhumatismes - arthrite*

***Préparation : 10 min***
***Cuisson : 10 min***

**Ingrédients :** 300 g de haricots verts, 2 branches de thym, 1 c. à c. de romarin séché, 1 cube de bouillon de volaille, 20 cl de crème allégée.

1. Équeutez et lavez les haricots verts.
2. Faites-les cuire dans 50 cl d'eau additionnée du bouillon de volaille et des branches de thym durant 10 min.
3. Mixez le tout avec le romarin et la crème. C'est prêt.

### ✰ Pourquoi c'est magique ?

Une soupe revitalisante pour soulager les rhumatismes et l'arthrite avec une action bienfaisante sur le système nerveux.

***Mon conseil :*** *une infusion de romarin en cas de fatigue et de déprime passagère. Laissez infuser 1 poignée 10 min dans 1 litre d'eau bouillante puis filtrez.*

# SOUPE DE PETITS POIS AU FENUGREC

*vieillissement cellulaire et cutané - digestion - diabète*

*Préparation : 5 min*
*Cuisson : 10 min*

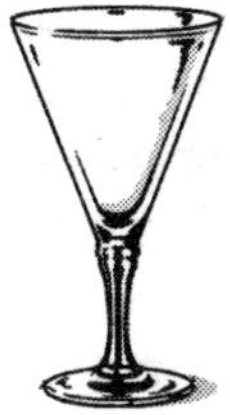

**Ingrédients :** 2 boîtes de petits pois, 2 oignons, 1 gousse d'ail, 2 c. à s. d'huile d'olive, 20 cl de crème allégée, 20 g de poudre de graines de fenugrec.

1. Faites rissoler les oignons émincés et l'ail haché dans l'huile avec les petits pois égouttés et rincés durant 10 min.
2. Mixez le tout avec la poudre de graines de fenugrec et la crème. C'est prêt.

### ✯ Pourquoi c'est magique ?

Une soupe antioxydante indiquée aux diabétiques.

***Mon conseil :** 50 g de poudre de graines de fenugrec, 2 fois par jour pendant 10 jours, pour les diabétiques non-insulinodépendants afin de réduire la glycémie à jeun, la fuite urinaire du glucose ainsi que le taux de lipides sanguins. Vous trouverez de la poudre de graines de fenugrec dans une herboristerie bio.*

# Soupe Courgettes-Aneth

*rétention d'eau - digestion - spasmes - ballonnements - montée de lait - cholestérol*

*Préparation : 10 min*
*Cuisson : 15 min*

**Ingrédients :** 3 courgettes bio, 1 oignon, un cube de bouillon de poule au pot, 2 c. à s. d'huile d'olive, 5 brins d'aneth, 2 yaourts allégés.

1. Lavez et coupez les courgettes en rondelles.
2. Épluchez, émincez l'oignon et faites-le revenir dans l'huile durant 5 min.
3. Rincez l'aneth.
4. Faites cuire les courgettes dans 50 cl de bouillon de poule au pot durant 10 min.
5. Mixez le tout avec les yaourts. C'est prêt.

## ✩ Pourquoi c'est magique ?

Une soupe diurétique pour les anxieux et les angoissés. Indiquée pour faire baisser le taux du mauvais cholestérol ainsi que pour favoriser la montée de lait. Idéale pour soulager les spasmes nerveux.

***Mon conseil :** en cas d'aérophagie ou d'allaitement, pensez à une tisane d'aneth. Laissez infuser 1 poignée de graines, à acheter dans une boutique bio, durant 10 min dans 1 litre d'eau bouillante. Filtrez et buvez en dehors des repas.*

# SOUPE POMMES DE TERRE-RÉGLISSE

*digestion - ulcères - herpès - troubles cardio-vasculaires - cholestérol*

*Préparation : 10 min*
*Cuisson : 20 min*
*Infusion : 20 min*

**Ingrédients :** 8 pommes de terre, 2 oignons, 1 clou de girofle, 4 g de racines séchées de réglisse, 20 cl de crème fraîche allégée.

1. Épluchez, lavez et coupez les pommes de terre et les oignons en morceaux.
2. Faites-les cuire avec le clou de girofle durant 20 min dans 1 litre d'eau bouillante salée.
3. Faites infuser les racines de réglisse durant 20 min dans 10 cl d'eau.
4. Égouttez les légumes et mixez le tout avec l'infusion de réglisse et la crème fraîche. C'est prêt.

### ✯ Pourquoi c'est magique ?

Une soupe antivirale et antiseptique qui combat toutes les infections, soulage les ulcères et fait baisser le taux de cholestérol.

***Mon conseil :** en cas d'affections virales, rhumes, herpès, de troubles cardio-vasculaires ou de cancers, buvez une infusion de 4 g de racines séchées de réglisse dans 15 cl d'eau, 3 fois par jour, après les repas. Vous trouverez des racines de réglisse dans les herboristeries et boutiques bio.*

# SOUPE DE NAVET AU LAIT

*rétention d'eau - infections urinaires - calculs*

*Préparation : 5 min*
*Cuisson : 35 min*

**Ingrédients :** 8 navets, 2 oignons, 2 c. à c. de noix de muscade en poudre, 2 c. à c. d'huile d'olive, 10 cl de lait.

1. Pelez, lavez et coupez les navets et les oignons en morceaux.
2. Faites-les revenir dans l'huile durant 5 min avec la noix de muscade.
3. Ajoutez le lait et laissez cuire à feu très doux durant 30 min.
4. Mixez le tout. C'est prêt.

### ✯ Pourquoi c'est magique ?

Une soupe diurétique à consommer en cas de calculs rénaux ou d'infections urinaires.

***Mon conseil :** en complément, pour soulager la douleur et dissoudre les calculs, buvez une infusion de bruyère tout au long de la journée.*

# Soupe Chinoise

*troubles gastro-intestinaux*

*Préparation : 10 min*
*Cuisson : 20 min*

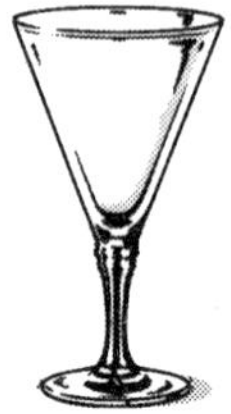

**Ingrédients :** 20 feuilles de menthe, 20 graines de coriandre, 20 brins de ciboulette, 4 citrons verts, 2 carottes, 2 pommes de terre.

1. Épluchez, lavez et coupez les pommes de terre et les carottes en morceaux.
2. Faites-les cuire dans 50 cl d'eau bouillante salée durant 20 min.
3. Pressez les citrons.
4. Rincez la menthe et la ciboulette, mixez le tout avec les graines de coriandre.
5. Complétez avec le jus de cuisson. C'est prêt.

### ✯ Pourquoi c'est magique ?

Une soupe digestive et antibactérienne à consommer en cas de ballonnements, digestion difficile, spasmes ou colites.

***Mon conseil :** un jus de citron vert chaque matin pour nettoyer les intestins.*

# SOUPE AU CHOU ET À L'AIL

*digestion - spasmes - ulcères - infections urinaires*

*Préparation : 10 min*
*Cuisson : 23 min*

**Ingrédients :** 1 chou vert, 4 pommes de terre, 2 gousses d'ail, 2 c. à s. d'huile d'olive.

1. Épluchez, nettoyez et émincez le chou en fines lamelles.
2. Pelez, lavez et coupez les pommes de terre en dés.
3. Épluchez et hachez l'ail.
4. Faites cuire les pommes de terre dans 50 cl d'eau salée durant 20 min.
5. Retirez-les et écrasez-les avec l'ail puis faites-les revenir dans l'huile avec le chou durant 3 min.
6. Mixez le tout. C'est prêt.

### ☆ Pourquoi c'est magique ?

Une soupe reminéralisante et antiseptique à consommer en cas de maux de ventre, colites spasmodiques, ulcères gastriques et infections urinaires.

***Mon conseil :*** *en cas de colites, ulcéreuses ou non, buvez un jus de chou-carotte, 3 fois par jour.*

# SOUPE CÉLERI-THYM-ROMARIN

*rétention d'eau - goutte - calculs*

***Préparation : 10 min***
***Cuisson : 25 min***

**Ingrédients :** 3 branches de céleri, 1 céleri-rave, 4 petites pommes de terre, 2 oignons, 2 c. à s. d'huile d'olive, 20 cl de crème fraîche allégée, 3 c. à s. de thym en poudre, 3 c. à s. de romarin en poudre.

1. Épluchez, nettoyez et émincez les céleris en lamelles.
2. Pelez, lavez et coupez les pommes de terre en dés.
3. Épluchez et émincez les oignons.
4. Faites revenir les céleris et les oignons dans l'huile durant 5 min.
5. Recouvrez d'eau, ajoutez le thym et laissez cuire à feu doux durant 20 min.
6. Mixez le tout puis ajoutez la crème. Servez chaud ou froid.

### ✯ Pourquoi c'est magique ?

Une soupe diurétique et antiseptique pour soulager les crises de goutte.

***Mon conseil :*** *en cas de crises de goutte, buvez une infusion de feuilles de frêne, 20 g pour 1 litre d'eau bouillante, 3 fois par jour. À acheter dans une boutique bio.*

# SOUPE ENDIVES-CURRY

*digestion - hypertension*

*Préparation : 5 min*
*Cuisson : 20 min*

**Ingrédients :** 4 endives, 2 c. à c. de curry, 2 yaourts allégés.

1. Lavez, épluchez et émincez les endives.
2. Faites-les cuire à la vapeur durant 20 min.
3. Mixez-les avec le curry et les yaourts. C'est prêt.

## ✯ Pourquoi c'est magique ?

Une soupe légère pour réguler la tension artérielle et le transit intestinal.

***Mon conseil :*** *en cas d'hypertension fonctionnelle, boire chaque jour une infusion de feuilles d'olivier séchées, 50 g de feuilles dans 1 litre d'eau bouillante pendant 20 min puis filtrez. À acheter dans une herboristerie ou une boutique bio.*

# Soupe Artichaut-Cerfeuil-Persil

*sevrage (pour tarir la lactation) - digestion*

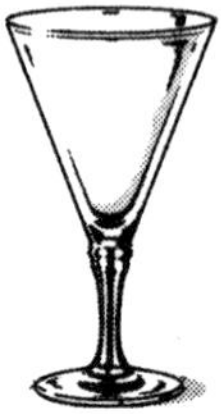

***Préparation : 5 min***

**Ingrédients :** 4 fonds d'artichaut surgelés, 1 bouquet de persil, 1 bouquet de cerfeuil, 20 cl de crème fraîche allégée.

1. Faites cuire les fonds d'artichaut selon le temps indiqué sur l'emballage puis coupez-les en morceaux.
2. Lavez le persil et le cerfeuil.
3. Mixez le tout avec la crème fraîche. C'est prêt !

## ✫ Pourquoi c'est magique ?

Une soupe spécialement conçue pour tarir la lactation au moment du sevrage de bébé.

***Mon conseil :*** *buvez une infusion de cerfeuil et de persil tout au long de la journée pour stopper la montée de lait : 1 poignée de chaque dans 1 litre d'eau bouillante durant 10 min puis filtrez.*

# Soupe Chou-Pissenlit

*rétention d'eau - digestion - fatigue - diabète*

*Préparation : 10 min*
*Cuisson : 20 min*

**Ingrédients :** ½ chou blanc, 1 poivron, 1 tomate, 1 cube de bouillon de légumes, 500 g de pissenlit.

1. Lavez et coupez le chou, le poivron, et la tomate.
2. Faites-les cuire durant 20 min dans ½ litre d'eau bouillante additionnée du bouillon cube.
3. Lavez les feuilles de pissenlit.
4. Mixez le tout. C'est prêt.

## ✯ Pourquoi c'est magique ?

Une soupe revitalisante, énergétique et diurétique indiquée pour les diabétiques.

***Mon conseil :*** *buvez une infusion de pissenlit tout au long de la journée pour lutter contre le diabète : 1 poignée dans 1 litre d'eau bouillante durant 10 min puis filtrez. Vous trouverez des feuilles de pissenlit sur le marché, dans une herboristerie ou une boutique bio.*

# Soupe Carotte-Coco

*digestion - stress -*
*vieillissement cutané et cellulaire*

*Préparation : 5 min*
*Cuisson : 20 min*

**Ingrédients :** 8 carottes, 2 oignons, 20 cl de lait de coco.

1. Épluchez, lavez les carottes et coupez-les en rondelles.
2. Pelez et émincez les oignons.
3. Faites cuire les carottes et les oignons dans 50 cl d'eau bouillante salée durant 20 min.
4. Mixez le tout avec le lait de coco. C'est prêt !

## ☆ Pourquoi c'est magique ?

Une soupe digestive et énergétique qui conviendra aux personnes stressées et fatiguées. Indiquée également en cas de troubles cardio-vasculaires et très efficace sur le vieillissement cutané et cellulaire.

***Mon conseil :** buvez 1 verre de jus de coco chaque matin en prévention contre le vieillissement.*

# SOUPE VIETNAMIENNE

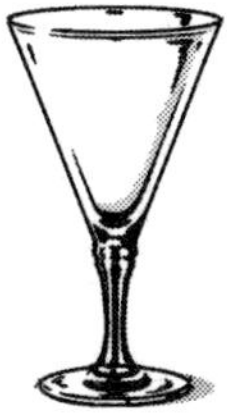

*fatigue - digestion*

*Préparation : 5 min*
*Cuisson : 16 min*

**Ingrédients :** 2 verres de bouillon de bœuf (1 cube), 1 oignon, 1 c. à c. de gingembre, 10 grains de poivre noir, 1 bâton de cannelle, 1 tige de citronnelle, 1 tomate, 1 c. à c. de coriandre, 2 échalotes, 1 citron, 2 tasses de riz cuit.

1. Portez à ébullition le bouillon de bœuf avec l'oignon haché, le gingembre pelé et râpé et le poivre durant 10 min.
2. Ajoutez la cannelle et la citronnelle et laissez mijoter encore 5 min. Passez le bouillon au tamis.
3. Remettez sur le feu avec la coriandre hachée, les échalotes émincées, la tomate rincée et coupée en 4 et le jus du citron durant 1 min.
4. Mixez le tout avec le riz. C'est prêt.

## ✯ Pourquoi c'est magique ?

Une soupe énergétique, tonique, digestive et reconstituante pour repartir du bon pied en retrouvant tonus et vitalité.

***Mon conseil :** une infusion de maté vert en cas de fatigue intense, au rayon bio des supermarchés.*

# Soupe de Pois cassés

*fatigue - digestion*

*Préparation : 5 min*
*Cuisson : 45 min*

**Ingrédients :** 250 g de pois cassés, 2 oignons, 3 gousses d'ail, 1 branche de thym, 5 feuilles de laurier, 1 cube de bouillon de volaille, 20 cl de crème fraîche allégée.

1. Faites cuire les pois cassés avec les oignons émincés, le thym, l'ail, le laurier et le bouillon durant 45 min dans ½ litre d'eau bouillante.
2. Égouttez et réservez le jus de cuisson.
3. Mixez le tout avec le jus de cuisson et la crème fraîche. C'est prêt.

### ✯ Pourquoi c'est magique ?

Une soupe revigorante pour les sportifs et tous ceux qui ont besoin d'un apport énergétique élevé.

***Mon conseil :** à consommer le midi avant de fournir un effort physique.*

# SOUPE INDIENNE

*fatigue - grippe - états fébriles - digestion*

***Préparation : 5 min***
***Cuisson : 20 min***

**Ingrédients :** 8 tomates, 2 échalotes, 1 bâton de cannelle, 3 graines de cardamome, 2 clous de girofle, 1 gousse d'ail, 1 c. à c. de gingembre, 1 c. à c. de curcuma en poudre, 1 piment rouge, 1 branche de thym, 2 c. à s. d'huile d'olive.

1. Faites revenir les échalotes, la cannelle, le curcuma, la cardamome et le clou de girofle dans l'huile d'olive durant 5 min.
2. Retirez le bâton de cannelle.
3. Ajoutez l'ail haché, le gingembre et le piment rouge et laissez mijoter 5 min. Retirez le piment.
4. Ajoutez les quartiers de tomates et la branche de thym et recouvrez avec de l'eau puis laissez mijoter durant 10 min.
5. Retirez la branche de thym et mixez le tout. C'est prêt.

## ✯ Pourquoi c'est magique ?

Une soupe dépurative et antiseptique qui lutte contre les infections et les états fébriles.

***Mon conseil :*** *buvez cette soupe 3 fois par jour pour renforcer vos défenses immunitaires. Vous trouverez le curcuma en poudre dans les supermarchés ou boutiques bio.*

# Soupe de Mâche

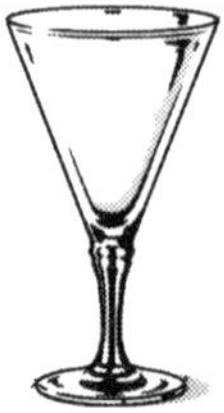

*rétention d'eau - digestion - affections respiratoires - rhumatismes - infections urinaires*

***Préparation : 10 min***
***Cuisson : 35 min***

**Ingrédients :** 250 g de mâche, 3 pommes de terre, 1 oignon, 2 échalotes, 2 c. à s. d'huile d'olive, 20 cl de crème fraîche allégée.

1. Émincez l'oignon et les échalotes.
2. Lavez la mâche.
3. Faites revenir l'ensemble dans l'huile durant 5 min.
4. Épluchez, lavez les pommes de terre et coupez-les en dés.
5. Ajoutez-les avec la mâche, l'oignon, les échalotes et recouvrez d'eau salée. Laissez cuire à feu doux durant 30 min.
6. Ajoutez la crème fraîche en fin de cuisson puis mixez le tout. C'est prêt.

### ☆ Pourquoi c'est magique ?

Une soupe digestive qui relancera le transit intestinal avec une action diurétique. Indiquée également en cas d'affections respiratoires, rhumatismales ou urinaires.

***Mon conseil :*** *si vous êtes sujette aux cystites ou aux infections urinaires, pensez à consommer de la mâche, en prévention.*

# SOUPE AUX FANES DE RADIS

*rétention d'eau - digestion - fatigue - éruptions cutanées - anémie*

***Préparation : 10 min***
***Cuisson : 25 min***

**Ingrédients :** 2 bottes de radis, 4 pommes de terre, 1 cube de bouillon d'herbes, 1 oignon, 2 c. à s. d'huile d'olive, 20 cl de crème fraîche allégée.

1. Épluchez, lavez et coupez les pommes de terre en morceaux.
2. Émincez l'oignon.
3. Lavez les fanes de radis.
4. Faites revenir l'oignon, les pommes de terre et les fanes de radis durant 5 min dans l'huile d'olive.
5. Recouvrez d'eau avec le cube de bouillon et laissez cuire à feu doux durant 20 min.
6. Ajoutez la crème et mixez le tout. C'est prêt !

## ✮ Pourquoi c'est magique ?

Une soupe diurétique et digestive à consommer en cas de crises d'urticaire et de grosse fatigue.

***Mon conseil :*** *en cas d'anémie, grignotez des fanes de radis, très riches en fer et utilisez les radis dans une soupe.*

# Soupe du Soleil

*fatigue - états fébriles - digestion*

*Préparation : 10 min*
*Cuisson : 30 min*

**Ingrédients :** 4 carottes, 2 courgettes, 1 poivron rouge, 2 pommes de terre, 1 oignon, 1 gousse d'ail, 1 cube de bouillon de légumes, 1 c. à s. de curry, 1 c. à s. de curcuma, 1 c. à s. de paprika, 1 petit piment rouge.

1. Lavez, épluchez les carottes et les pommes de terre et coupez-les en rondelles.
2. Rincez les courgettes et le poivron épépiné et coupez-les en rondelles et en lamelles.
3. Recouvrez d'eau et ajoutez le cube de bouillon, le curry, le curcuma, l'oignon émincé, la gousse d'ail et le paprika. Portez à ébullition et laissez cuire à feu doux durant 30 min.
4. Laissez tremper le piment 2 min puis retirez-le.
5. Mixez le tout. C'est prêt !

### ✮ Pourquoi c'est magique ?

Une soupe réconfortante et digestive qui redonne de l'énergie. Idéale en cas de fatigue, d'infection ou d'états fébriles.

***Mon conseil :*** *vous trouverez toutes les épices de la soupe en supermarché. Pensez à la gelée royale en cure de 15 jours pour lutter contre une fatigue intense : 1 c. à c. à jeun.*

# SOUPE AU PISTOU

*rétention d'eau - digestion - fatigue*

*Préparation : 15 min*
*Cuisson : 1 h*
*Temps de trempage des haricots blancs et rouges : 2 h minimum*

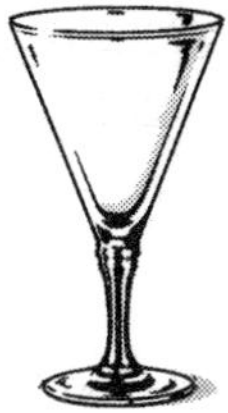

**Ingrédients :** 100 g de haricots rouges, 100 g de haricots blancs, 100 g de haricots verts, 3 pommes de terre, 2 courgettes, 3 carottes, 2 poireaux, 1 oignon, 1 branche de céleri.
***Le pistou :*** 2 tomates pelées et épépinées, 3 gousses d'ail, 50 g de parmesan râpé, 1 gros bouquet de basilic, 2 c. à s. d'huile d'olive.

1. Faites tremper les haricots rouges et blancs durant 2 h dans l'eau froide.
2. Épluchez, lavez et coupez en petits dés ou en rondelles les pommes de terre, les courgettes, les carottes, les poireaux, le céleri, l'oignon et les haricots verts équeutés.
3. Faites cuire tous les légumes dans 1 litre d'eau bouillante durant 1 h.
4. Mixez le tout et servez avec 2 c. à c. de pistou dans chaque verre. C'est prêt !

**Le pistou :** pilez le basilic rincé et effeuillé avec l'ail pelé ; ajoutez le parmesan puis l'huile au fur et à mesure. Pilez les tomates en purée et mélangez-la à la préparation précédente. Conservez au frais.

### ✮ Pourquoi c'est magique ?

Une soupe de l'hiver réconfortante, digestive et diurétique pour retrouver de l'énergie et de la vitalité.

***Mon conseil :*** *faites tremper les haricots blancs et rouges durant la nuit pour évacuer leur teneur en soufre et les rendre plus digestes.*

# SOUPE ANTILLAISE

*digestion - fatigue - ballonnements*

*Préparation : 15 min*
*Cuisson : 35 min*

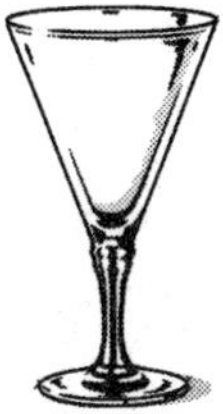

**Ingrédients :** 2 courgettes, 2 grosses tomates, 2 pommes de terre, 2 carottes, 1 oignon, 25 cl de lait de coco, 1 c. à s. de citronnelle fraîche ou séchée, 2 brins de persil, 2 c. à s. d'huile d'olive.

1. Épluchez, lavez les courgettes, les pommes de terre, les carottes et coupez-les en morceaux.
2. Épépinez, pelez les tomates et coupez-les en morceaux.
3. Pelez et émincez l'oignon, lavez le persil et faites-les revenir durant 5 min dans l'huile d'olive.
4. Ajoutez les légumes, recouvrez d'eau puis de lait de coco et laissez mijoter durant 20 min à feu doux.
5. Ajoutez la citronnelle puis laissez mijoter encore 10 min.
6. Mixez le tout. C'est prêt !

## ✯ Pourquoi c'est magique ?

Une soupe fortifiante et reminéralisante aux vertus digestives grâce à la citronnelle.

***Mon conseil :** une infusion de citronnelle en cas de ballonnements et de digestion difficile. Si vous ne trouvez pas de citronnelle fraîche, achetez-la séchée.*

# SOUPE AUBERGINES-COURGETTES-SAFRAN

*rétention d'eau - digestion - cholestérol*

*Préparation : 10 min*
*Cuisson : 15 min*

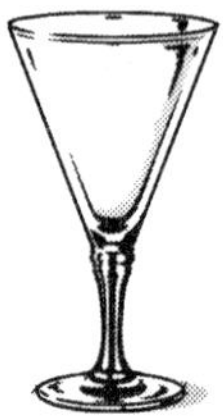

**Ingrédients :** 2 courgettes bio, 1 aubergine, 3 poivrons rouges, ½ c. à c. de safran, 2 c. à s. d'huile d'olive, 1 c. à s. de sucre semoule, 20 cl de crème fraîche allégée.

1. Lavez et coupez les courgettes, l'aubergine et les poivrons en rondelles et en lamelles.
2. Faites revenir les légumes dans l'huile d'olive avec le sucre jusqu'à ce qu'ils caramélisent.
3. Ajoutez la crème et le safran et laissez cuire à feu doux durant 10 min.
4. Mixez le tout. C'est prêt !

### ✯ Pourquoi c'est magique ?

Une soupe diurétique qui favorise l'élimination des toxines tout en régulant le transit intestinal. Indiquée également pour faire chuter le taux de cholestérol.

***Mon conseil :** si vous avez du cholestérol, consommez chaque jour des aubergines ou des courgettes au cours d'un repas.*

# SOUPE CAROTTES-CUMIN

*troubles gastro-intestinaux*

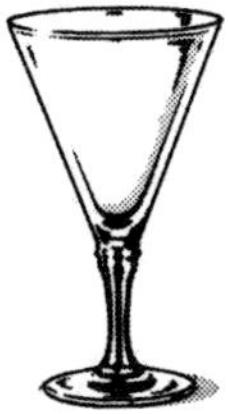

*Préparation : 10 min*
*Cuisson : 15 min*

**Ingrédients :** 4 carottes, 1 branche de céleri, 1 oignon, 2 c. à c. de cumin, 2 c. à s. d'huile d'olive, 1 c. à c. de paprika, 30 g de farine.

1. Faites griller le paprika, le cumin et la farine dans une poêle avec l'huile durant 5 min.
2. Épluchez, lavez les carottes et le céleri et coupez-les en rondelles.
3. Émincez l'oignon.
4. Ajoutez les légumes dans la poêle et recouvrez d'eau.
5. Laissez mijoter durant 10 min.
6. Mixez le tout. C'est prêt !

### ✯ Pourquoi c'est magique ?

Une soupe antiseptique et antispasmodique pour réguler le transit intestinal et soulager les ballonnements.

***Mon conseil :** lorsque vous avez la sensation de « ventre gonflé » après un repas trop festif, buvez une infusion de cumin.*

# SOUPE DE CHOU-RAVE

*digestion - fatigue*

*Préparation : 10 min*
*Cuisson : 20 min*

**Ingrédients :** 3 jeunes choux-raves, 4 petites pommes de terre, 1 oignon, 1 yaourt allégé, 2 c. à s. rases de riz, 2 c. à s. d'huile d'olive, 10 feuilles de persil plat, 10 feuilles de céleri.

1. Épluchez, lavez puis râpez les légumes.
2. Faites-les revenir dans l'huile d'olive durant 10 min à feu doux.
3. Faites cuire le riz à la vapeur durant 10 min.
4. Mixez les légumes, le riz et les herbes rincées avec le yaourt. C'est prêt !

### ✯ Pourquoi c'est magique ?

Une soupe reconstituante et digestive à consommer après une activité sportive.

***Mon conseil :** vous pouvez remplacer le chou-rave par du céleri-rave.*

# SOUPE AUX ÉPINARDS

*fatigue - digestion - anémie - vieillissement cutané et cellulaire*

***Préparation : 5 min***
***Cuisson : 20 min***

**Ingrédients :** 500 g d'épinards hachés surgelés, 2 pommes de terre, 1 cube de bouillon de légumes, 20 cl de crème fraîche allégée, 1 citron, 1 c. à c. de paprika.

1. Épluchez, lavez, coupez les pommes de terre en morceaux et faites les cuire dans l'eau bouillante avec le cube de bouillon durant 10 min.
2. Ajoutez les épinards hachés surgelés et laissez cuire encore 10 min.
3. Pressez le citron.
4. Mixez les légumes avec le jus du citron et la crème. Saupoudrez de paprika. C'est prêt !

## ✯ Pourquoi c'est magique ?

Une soupe vitaminée et revitalisante aux vertus cardio-vasculaires.

***Mon conseil :*** *à consommer en cure en cas de fatigue générale.*

# SOUPE ARTICHAUT-CÉRÉALES

*troubles gastro-intestinaux - hépatisme*

*Préparation : 5 min*
*Cuisson : 30 min*

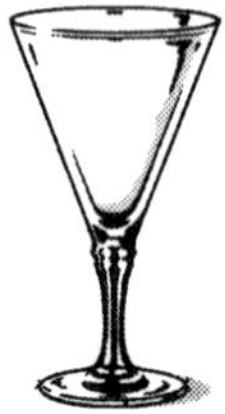

**Ingrédients :** 3 fonds d'artichaut surgelés, 60 g de blé précuit, 1 c. à s. de gomasio*, 5 gouttes de sauce soja.

1. Faites cuire les fonds d'artichaut, le blé précuit avec le gomasio et la sauce soja dans 1 litre d'eau bouillante durant 30 min.
2. Mixez le tout. C'est prêt !

## ☆ Pourquoi c'est magique ?

Une soupe digestive qui aide à lutter contre les troubles gastro-intestinaux et hépatiques.

***Mon conseil :*** *buvez un jus d'artichaut chaque jour en cas de troubles hépatiques chroniques.*

* *Le gomasio est un mélange de graines de sésame grillées et de sels moulus que l'on trouve dans les boutiques bio et les épiceries asiatiques.*

# SOUPE DE TÉTRAGONE AU TAPIOCA

*digestion - stress - fatigue - dépression*

*Préparation : 5 min*
*Cuisson : 6 min*

**Ingrédients :** 500 g de tétragone*, 5 baies de genévrier, 5 c. à s. de tapioca.

1. Lavez les feuilles de tétragone.
2. Recouvrez le tapioca et les baies de genévrier de six verres d'eau et portez à ébullition.
3. Laissez cuire à couvert et à feu doux 6 min après ébullition.
4. Mixez le tout. C'est prêt.

## ☆ Pourquoi c'est magique ?

Une soupe reminéralisante et digestive à consommer en cas de fatigue psychique et physique.

***Mon conseil :** buvez une infusion de genévrier 3 fois par jour en cas de cystites ou d'infections urinaires : 10 g dans 1 litre d'eau bouillante, à laisser infuser 20 min avant de filtrer.*

* *La tétragone est une variété d'épinards que l'on trouve dans les boutiques bio.*

# SOUPE DE BLÉ AUX HERBES

*troubles gastro-intestinaux - fatigue*

*Préparation : 5 min*
*Cuisson : 15 min*

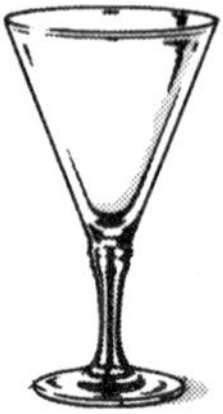

**Ingrédients :** 300 g de blé précuit, 4 carottes, 1 c. à c. de thym en poudre, 1 bouquet de persil.

1. Épluchez, lavez et coupez les carottes en fines rondelles.
2. Faites-les cuire dans 1 litre d'eau bouillante avec le thym et le blé durant 15 min.
3. Rincez le persil.
4. Mixez le tout. C'est prêt.

## ✯ Pourquoi c'est magique ?

Une soupe énergétique et très digeste pour réguler le transit intestinal. Idéale en cas d'intoxication alimentaire pour refaire la flore intestinale.

***Mon conseil :*** *vous pouvez remplacer le persil par une herbe fraîche de saison comme le cerfeuil ou la ciboulette.*

# SOUPE AU BROCOLI

*vieillissement cutané et cellulaire - infections urinaires - fatigue - cholestérol*

*Préparation : 5 min*
*Cuisson : 15 min*

**Ingrédients :** 1 brocoli,
1 cube de bouillon de légumes, 1 citron.

1. Lavez et coupez le brocoli en morceaux.
2. Recouvrez-les d'eau, ajoutez le cube de bouillon et faites-les cuire durant 15 min.
3. Pressez le citron.
4. Mixez le tout. C'est prêt.

## ☆ Pourquoi c'est magique ?

Une soupe antioxydante et antiseptique pour lutter contre le vieillissement tout en prévenant les troubles cardio-vasculaires et les cancers. Indiquée en cas d'infections urinaires.

***Mon conseil :** en cas de cholestérol, buvez régulièrement du jus de cuisson de brocoli.*

# Soupe Courgettes-Avocat

*rétention d'eau - digestion - spasmes - stress - fatigue*

*Préparation : 10 min*
*Cuisson : 5 min*
*Réfrigération : 2 h*

**Ingrédients :** 4 petites courgettes bio, 1 avocat, ½ litre de lait, 2 c. à c. de sucre vanillé.

1. Coupez les courgettes en rondelles.
2. Épluchez, dénoyautez et coupez l'avocat en lamelles.
3. Plongez les courgettes dans l'eau bouillante durant 5 min.
4. Mixez les courgettes et l'avocat avec le lait et le sucre. Laissez refroidir au moins 2 h. C'est prêt.

### ✯ Pourquoi c'est magique ?

Une soupe onctueuse pour réconforter les nerveux et les angoissés tout en étant digeste et diurétique.

***Mon conseil :*** *en cas de fatigue intense, un avocat mixé parfumé à la menthe vous redonnera du tonus et de l'énergie.*

# Calendrier des fruits et des légumes

Consommer les fruits et les légumes de saison est gage de qualité, de respect de l'environnement et de bonne santé. Afin de vous rafraîchir la mémoire et de constater que les tomates, entre autres, ne poussent pas toute l'année, reportez-vous au tableau ci-dessous pour effectuer vos achats en accord avec dame Nature.

## Fruits et légumes de saison - France

| Printemps | | | |
|---|---|---|---|
| Fruits | | | |
| abricots | | | juin |
| amandes vertes | | | juin |
| bananes | avril | mai | juin |
| cerises | | | juin |
| fraises | avril | mai | juin |
| framboises | | mai | juin |
| pamplemousses | avril | mai | |
| Légumes | | | |
| artichauts | avril | mai | juin |
| asperges | avril | mai | juin |
| betteraves | avril | | |
| carottes | | | juin |
| carottes nouvelles | avril | mai | |
| céleri | | | juin |
| choux | avril | mai | |
| ciboulette | | mai | |
| concombres | | | juin |
| courgettes | | | juin |
| cresson | | | juin |
| épinards | avril | mai | |
| fenouil | | mai | |
| frisée | | mai | |
| haricots verts | | | juin |
| laitue | | mai | |
| lentilles | | | juin |
| menthe | | mai | |
| navets nouveaux | avril | mai | |
| oignon blanc | | mai | |

| | | | |
|---|---|---|---|
| oranges | avril | | |
| orties | | mai | |
| oseille | | mai | juin |
| persil | avril | | |
| petits pois | | mai | juin |
| poireaux | | | juin |
| poivrons | | | juin |
| pommes de terre nouvelles | avril | mai | juin |
| radis | avril | mai | |
| rhubarbe | | mai | |
| salades | | | juin |
| sauge | | mai | |
| scarole | | mai | |
| thym | | mai | |

| Été | | | |
|---|---|---|---|
| **Fruits** | | | |
| abricots | juillet | | |
| amandes vertes | juillet | | |
| cerises | juillet | | |
| châtaignes | | | septembre |
| figues | | | septembre |
| fraises | juillet | août | |
| framboises | juillet | août | |
| groseilles | | août | |
| mirabelles | | août | |
| pêches | juillet | août | |
| poires | | août | septembre |
| pommes | | | septembre |
| prunes | juillet | août | septembre |
| raisins de table | | août | septembre |
| **Légumes** | | | |
| artichauts | juillet | août | septembre |
| aubergines | | août | septembre |
| carottes | | août | septembre |
| carottes nouvelles | juillet | | |
| concombres | juillet | août | septembre |
| courgettes | | août | septembre |
| épinards | juillet | août | septembre |
| haricots à écosser | | août | septembre |
| haricots verts | juillet | août | septembre |
| melons | juillet | août | |
| petits pois | juillet | | |
| poivrons | | août | septembre |
| pommes de terre nouvelles | juillet | | |

| | | | |
|---|---|---|---|
| radis | | août | |
| salades | juillet | août | septembre |
| salsifis | | août | septembre |
| tomates | juillet | août | septembre |

| AUTOMNE | | | |
|---|---|---|---|
| FRUITS | | | |
| châtaignes | octobre | novembre | |
| clémentines | | | décembre |
| dattes | | novembre | décembre |
| figues | octobre | | |
| kiwis | | novembre | |
| mandarines | | | décembre |
| noix | octobre | novembre | décembre |
| pamplemousses | | | décembre |
| poires | octobre | novembre | |
| pommes | octobre | novembre | décembre |
| raisins de table | octobre | | |
| LÉGUMES | | | |
| artichauts | octobre | | |
| choux | | novembre | décembre |
| endives | | novembre | décembre |
| épinards | | novembre | décembre |
| haricots à écosser | octobre | novembre | décembre |
| haricots verts | octobre | | |
| navets nouveaux | | novembre | décembre |
| poivrons | | novembre | décembre |
| pommes de terre | octobre | | |
| salsifis | octobre | | |
| tomates | octobre | | |

| Hiver | | | |
|---|---|---|---|
| **Fruits** | | | |
| ananas | | | mars |
| bananes | | février | mars |
| clémentines | janvier | février | |
| dattes | | | mars |
| kiwis | | | mars |
| mandarines | janvier | février | mars |
| noix | janvier | février | |
| oranges | janvier | février | mars |
| pamplemousses | | février | mars |
| pommes | janvier | février | mars |
| **Légumes** | | | |
| betteraves | | février | mars |
| carottes | | février | |
| carottes nouvelles | | | mars |
| céleri | | février | |
| choux | janvier | février | |
| choux-fleurs | janvier | février | |
| choux rouges | | février | |
| endives | janvier | février | mars |
| navets | janvier | février | |
| poireaux | janvier | février | |
| pommes de terre | | février | |
| radis | | | mars |
| radis noirs | | février | |
| romaine | | | mars |
| salades | janvier | février | |
| scarole | | | mars |

# Les justes proportions

Afin de vous simplifier la tâche lors de vos achats et dans la confection de vos soupes, référez-vous aux proportions de certains aliments et aux équivalences ci-dessous.

| Fruits<br>Légumes<br>Condiments | Quantité/Poids | Jus |
|---|---|---|
| Ail | 1 gousse/8 g | 0,5 cl |
| Ananas | 1 pièce/250 g | 10 cl |
| Banane | 1 pièce/120 g | 22 cl |
| Betterave cuite | 1 pièce/150 g | 5,5 cl |
| Brocoli | 1 branche/100 g | 4 cl |
| Carotte | 1 pièce/125 g | 8 cl |
| Cassis | 1 barquette/100 g | 20 cl |
| Céleri en branche | 1 branche/125 g | 10 cl |
| Cerise | 20 pièces/150 g | 5 cl |
| Citron jaune | 1 pièce/110 g | 6 cl |

| Fruits Légumes Condiments | Quantité/Poids | Jus |
|---|---|---|
| Citron vert | 1 pièce/50 g | 3 cl |
| Clémentine | 1 pièce/50 g | 4 cl |
| Crème fraîche | 1 c. à s./40 g | |
| Cresson | 100 g | 10 cl |
| Concombre | 1 pièce/250 g | 15 cl |
| Fenouil | 100 g | 10 cl |
| Épinards | 100 g | 10 cl |
| Fraise | 10 pièces/150 g | 15 cl |
| Framboise | 20 pièces/120 g | 30 cl |
| Gingembre | 20 g | 2 cl |
| Groseilles | 100 g | 20 cl |
| Kiwi | 1 pièce/60 g | 2 cl |
| Mangue | 1 pièce/450 g | 50 cl |
| Oignon | 1 pièce/80 g | 4 cl |
| Orange | 1 pièce/250 g | 15 cl |
| Pamplemousse | 1 pièce/400 g | 20 cl |
| Papaye | 1 pièce/350 g | 20 cl |
| Pêche | 1 pièce/120 g | 8 cl |
| Poire | 1 pièce/300 g | 10 cl |
| Poireau | 1 pièce/125 g | 8 cl |
| Poivron | 1 pièce/150 g | 6 cl |
| Pomme | 1 pièce/180 g | 10 cl |
| Pruneau | 10 pièces/150 g | 5 cl |
| Radis noir | 1 pièce/200 g | 15 cl |
| Tomate | 1 pièce/150 g | 5 cl |

# Index thérapeutique

## ... pour se soigner avec les aliments

*Les herbes, plantes, roches, bulbes et racines figurent en italique.*

Se soigner en mangeant, tel est l'objectif de cet index thérapeutique qui vous permettra d'adapter vos menus en fonction de vos maux. Ainsi, en privilégiant une alimentation personnalisée, vous en ressentirez les bienfaits dans la durée. En changeant vos habitudes, en apprenant à traiter vos douleurs par l'alimentation, vous serez plus à l'écoute de votre corps et de ses besoins. Vous aurez rapidement l'impression de maîtriser vos symptômes en leur apportant une réponse appropriée. Et votre corps vous le rendra au centuple…

## Accident vasculaire cérébral

*Ail*, oignon, haricot vert, carotte, brocoli, endive, laitue romaine, céleri, épinard, avocat, melon, banane, pêche, cerise, *gingembre*, mangue, orange, pamplemousse, pomme, raisin.

## Acné

*Argile*, *bardane*, chou, *échinacée*, laitue, navet, *ortie*, *pensée sauvage*, *pissenlit*, tomate.

## Aérophagie

Ananas, *aneth, angélique, anis vert, argile*, artichaut, *belladone*, *calament*, *carvi*, *cataire*, *charbon végétal*, chou, *coriandre*, *cumin*, fenouil, *marjolaine*, *mélisse*, *menthe*, *sauge*.

## **Allaitement** (montée de lait)

Amande, *angélique*, *anis vert*, blé, carotte, *cumin*, fenouil, *galega*, *houblon*, lentille, raisin, orge, *ortie*, *sureau*, topinambour.

## **Allaitement** (sevrage)

Artichaut, *cerfeuil*, *menthe*, *persil*.

## Allergies

*Ail*, algues marines, *camomille*, *échinacée*, oignon, *ortie*, radis noir.

## Aménorrhées

*Aneth*, *guimauve*.

## Anémie

Abricot, *absinthe*, algues marines, ananas, asperge, *aunée*, avoine, aubergine, blé, betterave, carotte, champignons, châtaigne, chicorée sauvage, chou, choucroute, cresson, datte, épinard, *fenugrec*, mâche, melon, noix, olive, orange, orge, *mélisse*, *persil*, *pissenlit*, poire, poireau, pomme, prune, *raifort*, *romarin*, rhubarbe, raisin, *thym*.

## Angines

*Aconit*, *argile*, *aubépine*, *belladone*, *bouillon-blanc*, cassis, céleri, chou, citron, *eucalyptus*, figue, mûre, mûrier noir, navet, poireau, *propolis*, *réglisse*, *romarin*, *thym*.

## Anorexie

*Absinthe*, *acore*, *ail*, *angélique*, *anis*, artichaut, *aunée*, betterave, *bouleau*, *camomille*, carotte, *chardon marie*, chicorée sauvage, chou, *coriandre*, *échalote*, *estragon*, fenouil, *fenugrec*, *gentiane*, groseille, *houblon*, laitue, *lavande*, *mélisse*, *menthe*, *millepertuis*, noix, oignon, orange, *origan*, *oseille*, *persil*, *pervenche*, *pissenlit*, radis, rhubarbe, *saule*, *serpolet*, *thym*, *véronique*, *valériane*.

## Aphonie

*Aigremoine*, *argile*, carotte, céleri, *cerfeuil*, chou, *érysimum*, figue, *persil*.

## Aphtes

*Aigremoine*, *aloe vera*, *basilic*, carotte, coing, *hamamélis*, *mauve*, mûrier noir, myrtille, *néflier*, *réglisse*, rhubarbe, *sauge*, *serpolet*, *thé noir*.

## Artériosclérose

*Ail*, algues marines, *alchemille*, *arbousier*, *aubépine*, ananas, *argile*, artichaut, asperge, *aubépine*, blé, *bouleau*, carotte, *chardon bénit*, cerise, chou, cresson, *curcuma*, *églantier*, *fumeterre*, fraise, *harpagophytum*, mâche, myrtille, oignon, *ortie*, *orthosiphon*, *passiflore*, poire, poireau, pomme, *pissenlit*, *prêle*, prune, *romarin*, *sauge*, seigle, soja, *tilleul*, tomate, *yam*.

## Arthrite

*Ache*, *acore*, ananas, *argile*, artichaut, asperge, banane, *bardane*, *bouleau*, cassis, cerise, chicorée sauvage, chou, concombre, fraise, *frêne*, *genévrier*, *gentiane*, groseille, *harpagophytum*, laitue, mâche, pamplemousse, poire, poireau, pomme, pomme de terre, *quinquina*, radis noir, radis rose, raisin, *romarin*, *sauge*, *salsepareille*, *serpolet*, *thym*, tomate, *yam*.

## Asthénie

Abricot, *ail*, algues marines, amande, arachide, asperge, avoine, banane, betterave, blé, *cannelle*, carotte, châtaigne, céleri, citrouille, chicorée sauvage, chou, cresson, datte, épinard, fenouil, *fenugrec*, figue, fraise, framboise, *guarana*, *gomphrena*, grenade, haricot vert, lentille, maïs, millet, mûrier noir, navet, orange, orge, oignon, riz, *persil*, *pissenlit*, pois chiche, pomme, poire, prune, raisin, rhubarbe, salsifis, *scutellaire*, soja, tomate, topinambour.

## Asthme

*Ache*, *ail*, *aigremoine*, *angélique*, *aubépine*, *argile*, *bacopa*, *basilic*, *belladone*, *bouillon-blanc*, *café*, *camomille*, carotte, *cataire*, *cerfeuil*, *chélidoine*, chou, *coquelicot*, *érysimum*, *eucalyptus*, fenouil, fraise, laitue, *lavande*, *mélisse*, *menthe*, *millepertuis*, oignon, *origan*, *ortie*, *persil*, *pin sylvestre*, radis noir, radis rose, *raifort*, *romarin*, *safran*, *sauge*, *thym*, *valériane*.

## Ballonnements

*Acore*, *agripaume*, amande, *anis vert*, *aneth*, *argile*, artichaut, *badiane*, *bourdaine*, *calamus*, carotte, *cataire*, cerise, *ciboulette*, *coriandre*, *cumin*, *estragon*, fenouil, *galanga*, *genévrier*, laitue, *mélisse*, myrtille, oignon, papaye, *persil*, *pissenlit*, radis noir, radis rose, rhubarbe, *serpolet.*

## Bronchite

*Ache, aconit, agripaume, ail, angélique, argile, asperge, aunée, bourgeon de pin, benjoin, bouillon-blanc, bourrache, busserole, capucine,* carotte, cassis, *cataire, chardon marie, cerfeuil,* coing, *coquelicot,* cresson, citron, chou, *eucalyptus, érysimum*, figue, *génépi, houblon*, laitue, *laurier, lavande, mauve, millepertuis*, navet, radis noir, oignon, orge, *origan*, oseille, mûre, pamplemousse, pomme, *propolis*, radis noir, radis rose, raisin, *réglisse, romarin, serpolet, véronique, violette, thym*.

## Brûlures d'estomac

*Camomille*, *menthe poivrée.*

## Carie dentaire

Carotte, *laurier*, *réglisse*, *thé vert.*

## Cellulite

Ananas, algues marines, *curcuma, fenugrec, orthosiphon, persil, pissenlit, reine-des-prés, verveine.*

## Cholestérol (excès de)

*Ail, alfalfa*, artichaut, aubergine, avocat, chicorée sauvage, citron, *chrysanthellum*, *eleuthérocoque*, *fenugrec*, figue, *gingembre*, *guggul*, goyave, kiwi, *lin*, macadamia, maïs, mangue, oignon, *onagre*, orange, pamplemousse, *pissenlit*, poire, poireau, pomme, radis noir, raisin, rhubarbe, sésame, soja, tournesol.

## Chute de cheveux

*Argile*, *bardane*, *buis*, *capucine*, chou, cresson, *laurier*, myrtille, olive, orange, *ortie*, pamplemousse, *serpolet*, *thym*.

## Coliques néphrétiques

Amande, *argile*, asperge, *belladone*, *cataire*, céleri, cerise, *chiendent*, mâche, maïs, poireau, noisette.

## Colites spasmodiques

*Absinthe*, *acore*, *agripaume*, *argile*, artichaut, avocat, *calamus*, *camomille*, carotte, *cataire*, chou, citrouille, *centaurée*, figue, *galanga*, *gentiane*, groseille, *harpagophytum*, *luzerne*, mâche, *mauve*, *mélisse*, *menthe*, mûrier noir, myrtille, navet, orange, orge, *passiflore*, *pissenlit*, pomme, *prêle*, raisin, *sarriette*, *souci*, *thym*, *tilleul*, tomate, *valériane*, *yam*.

## Constipation

Abricot, algues marines, *aloe vera*, *aigremoine*, aubergine, bette, *bourdaine*, *bourrache*, *calamus*, carotte, *cataire*, *cerfeuil*, cerise, chicorée sauvage, chou, citrouille, *églantine*, épinard, *estragon*, fenouil, figue, fraise, framboise, *frêne*, *galanga*, *genévrier*, groseille, laitue, mâche, *mauve*, melon, mûrier noir, myrtille, oignon, olive, orange, *ortie*, *oseille*, pêche, *pensée sauvage*, *pissenlit*, pomme de terre, poire, prune, pruneau, raisin, rhubarbe, *séné*, *sureau*, tomate.

## Convalescence

Abricot, *absinthe*, amande, algues marines, asperge, avocat, *cannelle*, céleri, châtaigne, citron, datte, *eleuthérocoque*, figue, *fenugrec*, *guarana*, épinard, *gentiane*, haricot, maïs, *maté*, millet, noix, orange, pomme, raisin, *quinquina*, *romarin*, *sauge*, *serpolet*, *thym*, soja, topinambour.

## Cystite

*Ail*, *aigremoine*, *aunée*, *argile*, *artichaut*, *bourrache*, *bruyère*, *bugrane*, *busserole*, *canneberge*, *chicorée sauvage*, *chiendent*, chou, citron, *damiana*, *échinacée*, *épine-vinette*, fenouil, *kava kava*, laitue, maïs, *millepertuis*, myrtille, navet, oignon, orge, *orthosiphon, palmier nain, pin, plantain*, poire, poireau, radis noir, raisin, *reine-des-prés, queues de cerises.*

**Déminéralisation**

Algues marines, amande, ananas, *argile*, asperge, *aunée*, betterave, blé, carotte, céleri, cerise, champignons, chou, citron, datte, fraise, groseille, *houblon*, laitue, *lavande*, orange, orge, pomme, *prêle*, radis noir, radis rose, raisin, *romarin*, soja.

**Dépression nerveuse**

Abricot, *absinthe*, *achillée*, *ail*, algues marines, amande, arachide, artichaut, asperge, *aubépine*, avocat, avoine, *bacopa*, banane, *basilic*, blé, *calamus*, carotte, chou, céleri, cresson, *damiana*, *eleuthérocoque*, épinard, fenouil, fraise, *ginkgo biloba*, *ginseng*, *gomphrena*, *guarana*, *gui*, haricot vert, *houblon*, *kava kava*, lentille, *marjolaine*, *maté*, millet, *millepertuis*, *mélisse*, *menthe poivrée*, oignon, riz, soja, *thym*, châtaigne, datte, orange, *passiflore*, poire, pomme, prune, raisin, *sauge*, *scutellaire*, *serpolet*, *thym*, *tilleul*, *valériane*.

**Dermatoses**

Algues marines, amande, ananas, *argile*, asperge, bette, betterave, carotte, *cerfeuil*, chou, cresson, fraise, framboise, noix, orange, *pissenlit*, raisin, salsifis, riz.

## Diabète

*Absinthe*, *aigremoine*, *alchemille*, *argile*, artichaut, asperge, aubergine, avocat, avoine, asperge, *bardane*, blé, *brunelle*, brocolis, céleri, champignon, chicorée sauvage, chou, choucroute, citron, concombre, cresson, épinard, *eucalyptus*, *fenugrec*, fraise, framboise, *genévrier*, groseille, haricots secs, haricots verts, *ispaghul*, laitue, mâche, mûrier noir, myrtille, navet, noisette, noix, *oignon*, olive, *olivier*, orange, orge, *ortie*, oseille, *pervenche*, pomme de terre, *quinquina*, *pissenlit*, poire, *prêle*, radis, rhubarbe, *sauge*, salsifis, topinambour, *valériane*.

## Diarrhée

*Alchemille*, *aigremoine*, *ail*, abricot, *agripaume*, *arbousier*, *aubépine*, *argile*, artichaut, *bouillon-blanc*, *busserole*, *camomille*, carotte, cassis, cerise, châtaigne, *charbon végétal*, chicorée sauvage, citron, chou, concombre, coing, épinard, *épine-vinette*, *eucalyptus*, figue de barbarie, fraise, grenade, *mauve*, *millepertuis*, mûrier noir, mûre sauvage, myrtille, noix, oignon, orge, *origan*, *ortie*, *plantain*, poire, pomme, pomme de terre, raisin, riz, *reine-des-prés*, *romarin*, *sauge*, *sureau*, *thé*, *vergerette*.

E

## Eczéma

Amande, asperge, *argile*, *bardane*, *bourrache*, *bugrane*, *camomille*, carotte, céréales complètes, *chiendent*, chou, cresson, *genévrier*, *hamamélis*, *lavande*, navet, olive, oignon, orange, *pensée sauvage*, *plantain*, *pissenlit*, radis noir, raisin, *réglisse*, *salsepareille*, *sauge*.

## Épilepsie

*Argile, armoise, buis, cannelle,* chou, *gui,* noisette.

## États fébriles, fièvre, grippe

*Absinthe*, *ail*, *algues marines*, *aigremoine*, *argile*, *armoise*, artichaut, *aunée*, *bouillon-blanc*, *bourrache*, *cannelle*, carotte, *cataire*, chou, céleri, cerise, chicorée sauvage, citron, concombre, *églantine*, *eleuthérocoque*, *eucalyptus*, fenouil, figue, framboise, *fumeterre*, *génépi*, groseille, *guarana*, *lavande*, *millepertuis*, mûre, noisette, oignon, *olivier*, orange, orge, pamplemousse, *persil*, *pin*, pomme, *quinquina*, raisin, *romarin*, *saule blanc*, *sauge*, *sureau*, *thym*, *tilleul*, *verveine*.

F

## Fatigue cardiaque

*Agripaume, aubépine, argile*, chou, *épine-vinette, gui*, haricot vert, *pissenlit, vigne rouge*.

## Gastralgies

*Absinthe*, *acore*, amande, *angélique*, *argile*, *camomille*, carotte, *cataire*, châtaigne, *chiendent*, chou, céleri, coing, *coriandre*, *estragon*, fenouil, figue, fraise, *fumeterre*, *genévrier*, *gentiane*, groseille, laitue, *mélisse*, *menthe poivrée*, mûre, oignon, orange, pêche, pomme, pomme de terre, poireau, *prêle*, raisin, rhubarbe, *réglisse*, *romarin*, *sauge*, *serpolet*, *souci*, *sureau*, *thym*, *topinambour*, *véronique*.

## Goutte

*Acore*, algues marines, *alkékenge*, ananas, *argile*, artichaut, asperge, *bardane*, *bouleau*, *bourrache*, *bruyère*, carotte, cassis, céleri, *cerfeuil*, cerise, chicorée sauvage, chou, citron, concombre, fenouil, fraise, framboise, *genévrier*, *gentiane*, *gui*, *griffe du diable*, groseille, haricot, laitue, *luzerne*, melon, *menthe*, myrtille, navet, nèfle, olive, *orthosiphon*, *pin*, *persil*, *pissenlit*, pomme, poire, poireau, *prêle*, prune, *queues de cerises*, radis noir, *raifort*, raisin, *réglisse*, *reine-des-prés*, *romarin*, salsifis, *salsepareille*, *saule blanc*, *sureau*, tomate, topinambour, *véronique*, *vergerette*.

## Grossesse

Amande, avocat, blé, datte, épinard, fève, figue, haricot, lentille, millet, nèfle, noisette, pois, poire, pomme, pruneau, raisin.

## Hémorragie

Mûrier noir, mûre sauvage, myrtille.

## Hémorroïdes

*Achilée*, *ail*, *aloès*, *arnica*, *argile*, aubergine, bette, *bouillon-blanc*, châtaigne, *cerfeuil*, citron, *chardon-marie*, chou, coing, épinard, *épine-vinette*, figue, *ginkgo biloba*, *gui*, *hamamélis*, melon, mûre, myrtille, oignon, *pissenlit*, poireau, pomme de terre, *prêle*, pêche, *persil*, raisin, *sureau*, *vigne rouge*.

## Hépatisme – cirrhoses

*Absinthe*, *aigremoine*, *arbousier*, *argile*, artichaut, asperge, aubergine, *aunée*, avocat, *baccharis*, *bardane*, blé, *boldo*, *bouleau*, *bourdaine*, *bourrache*, *busserole*, *camomille*, carotte, cassis, céleri, *cerfeuil*, cerise, *chardon-marie*, chicorée sauvage, *chiendent*, chou, citron, coing, cresson, *curcuma*, endive, *épine-vinette*, fraise, *fumeterre*, *genévrier*, groseille, haricot vert, laitue, *millepertuis*, myrtille, olive, *olivier*, orange, orge, *orthosiphon*, pamplemousse, *persil*, *pin*, *pissenlit*, pomme, pomme de terre, poireau, prune, *quassia amara*, *queues de cerises*, radis noir, *raifort*, raisin, *réglisse*, rhubarbe, *romarin*, scarole, *serpolet*, *souci*, *sureau*.

## Herpès

Céréales germées, citron, pomme, *réglisse*, *salsepareille*, *thym*.

## Hypertension

*Ail*, algues marines, *aubépine*, banane, *bourrache*, cassis, céleri, *chélidoine*, citron, figue, fraise, *fumeterre*, *gui*, melon, *olivier*, *orthosiphon*, pomme de terre, poire, *prêle*, prune, pruneau, *queues de cerises*, *réglisse*, riz, *tilleul*, olive, raisin, *sauge*, seigle, *valériane*, *vigne rouge*.

## Hyperthyroïdie

Maïs.

## Hypotension

Blé, *chardon-marie*, *genêt*, orge, *réglisse*, *romarin*, *sauge*.

## Hypothyroïdie

Algues marines, avoine.

## Insomnie

*Ail*, abricot, *aubépine, basilic, boldo, bouillon-blanc*, céréales complètes, citrouille, chou, coing, *échalote, eleuthérocoque, fumeterre*, germe de blé, *gomphrena, houblon, kava kava*, laitue, *marjolaine, mélisse*, oignon, *passiflore*, pêche, pomme, potiron, radis rose, *saule, scutellaire, thym, tilleul, valériane*.

**Intoxication alimentaire**

Ananas, *argile*, artichaut, *baccharis*, concombre, orange, pamplemousse, prune, raisin, tomate.

**Ivresse**

*Argile*, chou.

L

**Lithiase biliaire**

Ananas, artichaut, *baccharis*, *bourdaine*, cerise, *chrysanthellum*, citron, cresson, fraise, *harpagophytum*, laitue, olive, *plantain*, *pissenlit*, pomme de terre, radis noir, radis rose, raisin, rhubarbe, tomate.

**Lithiase urinaire – calculs rénaux**

*Ail*, *alkékenge*, amande, *aubépine*, *arbousier*, *argile*, asperge, avoine, *baccharis*, *bouleau*, *bruyère*, *busserole*, céleri, *cerfeuil*, cerise, *chardon-marie*, chou, citron, cresson, *damiana*, fraise, groseille, haricot vert, mâche, melon, navet, nèfle, noisette, noix, *orthosiphon*, pêche, *persil*, *pissenlit*, pomme, poireau, pois chiche, radis noir, *raifort*, raisin.

**Lumbago**

*Griffe du diable, luzerne, prêle, saule blanc.*

## Ménopause

Abricot, *actée, ail*, algues marines, *agripaume, argile, aubépine*, banane, carotte, cassis, cerise, châtaigne, chou, *cimicaire, cyprès*, datte, *dong quai*, épinard, figue, fenouil, *gattilier, ginseng, gomphrena, gui, hamamélis, menthe, millepertuis*, noisette, *onagre*, orange, pamplemousse, *passiflore, salsepareille, sauge*, seigle, soja, *souci, tilleul, trèfle rouge*, topinambour, *vigne rouge, yam.*

## Migraines

*Alchemille*, amande, *anémone, argile, basilic, camomille*, chou, cerise, fenouil, *genévrier, ginkgo biloba, lavande, marjolaine, mélisse, menthe,* oignon, oranger, *passiflore*, pomme, pêche, *romarin, serpolet, scutellaire, thym, tilleul, valériane, véronique, verveine.*

## Nervosité

Abricot, *acore, agripaume*, amande, *anémone, anis vert, argile, aubépine*, aubergine, avocat, avoine, *bacopa, basilic*, betterave, *bouillon-blanc, calamus, camomille*, céleri, chou, coing, *coquelicot, damiana, eleuthérocoque, fumeterre, gomphrena, gui*, haricots, *houblon, kava kava*, laitue, *mélilot blanc, mélisse, millepertuis, menthe*, noix, oignon, *passiflore*, pêche, *persil*, pomme, raisin, *reine-des-prés, sauge, saule, scutellaire*, soja, *tilleul, valériane.*

### Œdèmes

*Ail, alkékenge*, ananas, *argile*, artichaut, *bouleau, buchu, busserole*, cassis, *cerfeuil, chiendent*, chou, *coloquinte, genêt, genévrier, hamamélis*, maïs, myrtille, oignon, *orthosiphon, persil, queues de cerises*, raisin, *reine-des-prés, sureau, vigne rouge.*

### Ostéoporose

*Luzerne, prêle.*

### Palpitations cardiaques

*Agripaume, aubépine, argile*, artichaut, asperge, aubergine, *boldo*, cerise, *chardon-marie*, chou, laitue, *menthe, muguet, passiflore*, radis noir, *valériane.*

### Pertes blanches

*Achilée, aigremoine, alchemille, argile, aunée, chêne*, chou, coing, *cyprès, épine-vinette, eucalyptus, fenugrec*, fraise, *genévrier, gentiane, gui, hamamélis, houblon, kava kava, millepertuis*, mûre, *plantain*, noix, oseille, *persil, raifort, romarin, sauge, thym.*

## Règles douloureuses

*Absinthe, angélique, anis, armoise*, chou, *cumin, épine-vinette, fumeterre, génépi, genévrier, hamamélis*, laitue, *menthe, origan, persil, romarin, safran, sauge, saule blanc, serpolet, souci, vergerette, vigne rouge.*

## Rétention d'eau

*Alkékenge*, algues marines, ananas, *argile, anis vert, arbousier, baccharis*, betterave, *buchu, busserole, chiendent*, chou, *fucus*, myrtille, *persil, pissenlit, queues de cerise, reine-des-prés, salsepareille*, sarrasin, *sauge, thym, vigne rouge.*

## Rhumatismes

*Alchemille, alkékenge, ail*, algues marines, artichaut, asperge, *bardane, bouleau, bourrache, bugrane, bruyère*, carotte, cassis, céleri, *cerfeuil, chardon bénit, chicorée sauvage, chiendent*, citron, céréales complètes, cerise, chou, citron, cresson, *estragon*, fenouil, fraise, framboise, *fumeterre, genévrier, griffe du diable*, groseille, *hamamélis*, haricot vert, *harpagophytum, luzerne*, maïs, *marjolaine, mauve, millepertuis*, melon, nèfle, olive, *origan, ortie, pin, pissenlit*, pomme, pomme de terre, poire, *prêle*, prune, oignon, oseille, *persil, pissenlit*, poireau, *prêle*, radis noir, radis rose, *raifort*, raisin, *reine-des-prés, romarin*, salsifis, *salsepareille, sauge, saule blanc, sureau, thym*, tomate, topinambour, *yam.*

## Rhume

*Ail, aigremoine, argile, bouillon-blanc, bourrache, cataire*, chou, *échinacée, eucalyptus, mauve, sureau.*

S

## Sciatique

*Anémone, camomille, gelsémium, griffe du diable, origan, passiflore, prêle, serpolet, thym, verveine, valériane.*

## Sinusite

*Aconit, alchemille, argile, belladone, cataire*, chou, citron, *eucalyptus, lavande, marjolaine, menthe, pin, plantain, sureau, thym.*

## Spasmes

*Acore, agripaume*, amande, *anémone, angélique, anis vert, aubépine, bacopa, basilic, belladone, calamus, camomille, cataire*, céréales complètes, chou, *harpagophytum, houblon*, laitue, *lavande, luzerne, marjolaine, mélisse, origan, passiflore*, pêche, *prêle, réglisse, reine-des-prés, romarin, sauge, saule, serpolet*, soja, *tilleul, valériane, yam.*

## Surmenage intellectuel

Abricot, algues marines, *anis vert*, asperge, avocat, avoine, *bacopa*, banane, blé, *calamus*, céleri, châtaigne, datte, *damiana*, *eleuthérocoque*, épinard, *ginkgo biloba*, *ginseng*, *gomphrena*, *guarana*, *gui*, haricots verts, *houblon*, *kava kava*, *mélisse*, millet, orange, *passiflore*, poire, pomme, prune, raisin, riz, *scutellaire*, soja, *tilleul*, *véronique*, *valériane*.

### Surpoids

*Ache, aigremoine, ail, alchemille*, algues marines, *alkékenge*, ananas, *armoise, bardane, bugrane, bouleau, bourdaine, busserole, camomille*, carotte, *cascara sagrada*, céleri, cerise, citron, cosse de haricot, *épine-vinette, fucus, hamamélis, maté*, navet, *pissenlit*, poireau, pomme, *prêle, réglisse, sauge, salsepareille, sauge, sureau, vigne rouge*.

### Système immunitaire

*Ail, anamu, astragale*, brocoli, champignons, *chlorophylle*, chou-fleur, *échinacée, eleuthérocoque, ginseng, gui*.

## T

### Toux grasse

*Ache*, amande, chou, coing, *érysimum*, laitue, navet, radis noir.

### Toux sèche

*Aconit, aigremoine, ail, alchemille, anis vert, bardane, bouillon-blanc*, carotte, céleri, *cerfeuil, érysimum, eucalyptus*, figue, *oignon, pin, persil, plantain*, radis noir, *sauge.*

## Ulcères d'estomac

*Absinthe, acore, aloès, argile*, carotte, *chiendent*, chou, *génépi, hêtre, luzerne, ortie*, pomme, pomme de terre, *réglisse, sauge, souci, thym.*

## Vertiges

*Armoise, aubépine, basilic*, fenouil, *lavande, mélisse*, orange, *prêle, primevère, salsepareille.*

## Vieillissement cutané et cellulaire

Abricot, *ail*, algues marines, *aloe vera, argile*, banane, *bouleau*, carotte, cerise, châtaigne, chou, citron, datte, épinard, figue, *gomphrena, ginkgo biloba, ginseng*, noisette, *oignon*, orange, pamplemousse, soja, seigle, topinambour.

## Vomissements

*Acore, angélique, aigremoine, anis vert, aneth, baccharis*, citron, framboise, *fumeterre, galanga, gingembre, marjolaine, menthe, primevère*, radis noir, *salsepareille, thym.*

# Table des matières

Pour recevoir notre catalogue, merci de bien vouloir remplir ce questionnaire et nous le retourner :

**Éditions Leduc.s**
**33 rue Linné**
**75005 Paris**

Vous pouvez aussi répondre à ce questionnaire sur Internet :

**www.leduc-s.com**

NOM : ..........................................
PRÉNOM : ......................................
ADRESSE : ......................................
.................................................
CODE POSTAL : ................................
VILLE : ..........................................
PAYS : ...........................................
ADRESSE@MAIL : ...............................
ÂGE : ............................................
PROFESSION : .................................

Titre de l'ouvrage dans lequel est insérée cette page :

**Mes petites soupes magiques**

Lieu d'achat : ...................................

Avez-vous une suggestion à nous faire ?

...................................
...................................
...................................

À ................ LE ................

*Conformément à la loi Informatique et Libertés du 6 janvier 1978, vous disposez d'un droit d'accès et de rectification aux données personnelles vous concernant.*